Hf

4084

D. BERTRAN
DE
CIGARRAL.
COMEDIE.

Imprimée à Roüen ; Et se vend

A PARIS,

Chez PIERRE LE PETIT, Libraire &
Imprimeur du Roy, ruë S. Iacques,
à la Croix d'or.

M. DC. LII.

Auec Priuilege du Roy.

EPISTRE.

ONSIEVR,

M Puisque le nom de
D. Bertran est allé
iusques à vous , &
qu'il a fait assez de bruit pour vous
donner la curiosité de connoistre vn
personnage d'vne humeur si extra-
ordinaire , trouuez bon que ie la sa-
tisfasse , & que ie l'enuoye luy-mesme vous remercier de l'estime que
par préoccupation vous auez daigné
faire de sa grotesque peinture. Vous

ã

trouuerez ses ciuilitez fort peu à
l'vsage de la Cour, sa façon de traiter l'amour assez particuliere, & ses
raisonnements fort Prouerbiaux,
quoy qu'à cause de ses six mil & tant
de ducats de rente, il prétende passer
pour honneste homme. Son caprice est
toute sa raison, & il s'esloigne si fort
en toutes choses de la pratique ordinaire, qu'au lieu que les autres don-
nent quittance de l'argent de leur
mariage, il la donne de sa femme. Ce
point seul d'extrauagance m'a sem-
blé si plaisamment imaginé, qu'il
m'a fait resoudre à traiter vn sujet
qui d'ailleurs est si foible, qu'à peine
m'a-t'il pû fournir dequoy remplir
les trois premiers Actes. Vous recon-
noistrez cette verité si iamais vous
lisez cette Comedie dans son veritable Autheur D. Francisco de Roxas,

sous le tiltre de Entre bobos anda el juego. Peut-estre que vous me blâmerez de ne m'estre pas assez estroitement attaché à ces loix seueres du Theatre qui demandent vn lieu fixe pour la Scene, & que vous trouuerez estrange que mon premier Acte se passe à Madrid, & les autres dans l'hostellerie d'Yllescas, moitié chemin de Madrid & de Tolede, mais souuenez-vous que ie marche sur les pas d'vn Espagnol, & que comme l'vnité de lieu, & l'obseruation des vingt & quatre heures sont des regles que le fameux Lope de Vega a tousiours negligées, iusqu'à faire exprés vn Arte nueuo de hazer Comedias, tous ceux qui ont escrit apres luy ne s'en sont pas mis dauantage en peine, de sorte qu'au milieu d'vne de leurs Iournées ils font

EPISTRE.

quelquefois peu de scrupule de passer
d'vn plein saut d'Angleterre en Al-
lemagne, & de faire qu'en moins
d'vn quart d'heure leurs Acteurs
vieillissent de plus de dix années.
C'est dequoy i'ay esté bien aise de
vous aduertir auant que de vous
asseurer que ie suis,

MONSIEVR,

Vostre tres-humble seruiteur,
T. CORNEILLE.

Extrait du Priuilege du Roy.

PAR Grace & Priuilege du Roy, donné à Paris le 24. Decembre 1651. Signé, Par le Roy en son Côseil, MARTIN, Il est permis au Sieur Corneille Aduocat en nostre Cour de Parlement de Roüen, de faire imprimer par tel Imprimeur qu'il voudra choisir, trois Pieces de Theatre, intitulées, *Pertarite Roy des Lombards, D. Bertran de Cigarral*, & *l'Amour à la mode*, pendant le temps & espace de neuf ans, à compter du iour qu'elles seront acheuées d'imprimer : Defendans tres-expressément à toutes personnes de quelque qualité & condition qu'elles puissent estre, d'imprimer ou contrefaire lesdites trois Pieces de Theatre, à peine aux contreuenans de deux mil liures d'amende, despens, dommages & interests, & confiscation des exemplaires qui se trouueront d'autre impression que de la sienne, ainsi qu'il est porté plus au long par lesd. Lettres.

Acheué d'imprimer le 30. Decembre 1651.

à Roüen de l'Imprimerie de Laurens Maurry.

ACTEVRS.

D. GARCIE de Contreras, pere d'Isabelle.

D. BERTRAN de Cigarral.

D. ALVAR, cousin de D. Bertran.

D. FELIX, amoureux d'Isabelle

LEONOR, sœur de D. Bertran.

ISABELLE, fille de D. Garcie.

IACINTE, suiuante d'Isabelle.

GVZMAN, valet de D. Bertran.

MENDOCE, valet de D. Felix.

D. BERTRAN
DE CIGARRAL
COMEDIE.

ACTE I.

SCENE PREMIERE.

ISABELLE, IACINTE.

IACINTE.

C'Est auoir promptement l'affaire ex-
pediée.
Vous, aujourd'huy promife, & demain
mariée!

ISABELLE.

Iacinte, que veux-tu? i'en fuis au defefpoir,
Mais dans mon defplaifir i'efcoute mon deuoir,
Et me refous enfin aux maux que me prepare
L'aueugle ambition d'vn pere trop auare.

IACINTE.

Ne vous y trôpez point, c'est le jeu du vieux têps,

A

Gardez d'eftre aujourd'huy trop fage à vos defpés,
C'eft vn eftrange nœud que le nœud d'Hymenée.

ISABELLE.

Qu'y puis je faire enfin ? fa parole eft donnée,
Il le veut , & tu fçais qu'il me vient d'aduertir
Que dans vne heure ou deux ie fois prefte à partir,
Au malheur qui m'accable il n'eft point de remede.

IACINTE,

Quoy, vous iriez trouuer cet efpoux à Tolede,
Et parce qu'il a bruit d'auoir force ducats
Il eft fi grand feigneur qu'il n'en remûroit pas?
Ma foy, jufqu'à l'Hymen ie ferois la maiftreffe.

ISABELLE.

Mais on me le commande.

IACINTE.

O l'eftrange foibleffe!
Deuft fe rompre l'accord ie me ferois prier,
Il n'eft, tout bien pefé, que d'eftre à marier.
Qu'vn amant importune, on a recours au change,
Fuifiez-vous vn Demon on vous appelle vn Ange,
De cent foûmiffions vous payez vn galand
En luy laiffant baifer le bout de voftre gand,
Chacun tache à vous plaire auec vn foin extrême;
Mais dans le mariage il n'en va pas de mefme,
Noftre bon-temps eft fait, Adieu, c'eft affez ry,
Qui nous flattoit amant nous rechigne mary,
Le flambeau d'Hymenée amortit bien fa flame,
La plus belle maiftreffe eft vne laide femme,
Et fi toft que l'amour laiffe agir la raifon
L'on connoift qu'il n'eft point de charmãte prifon,
Peu fous ce trifte ioug ont l'ame bien contente.

ISABELLE.

Sur cet article là tu parois bien fçauante.

IACINTE.

Iadis ma bonne mine auoit fes partifans,
Ie fçay ce qu'en vaut l'aune, & i'ay plus de quinze
ans,
Ie connois à peu prés le train commun des chofes,

Ces matieres pour vous font encor lettres closes,
Mais se vendre soy-mesme est vn triste marché,
L'on ne s'en desdit point quand le mot est lâché,
L'on est sujet dés lors aux caprices d'vn homme,
Et i'en connois beaucoup sans que ie vous les
 nomme
Qui de l'Hymen à peine examinant les loix
Ont pris le frein aux dents & s'en mordent les
 doigts.
Croyez-moy, de l'amour c'est vn puissant remede,
L'on ne fait guere estat de ce que l'on possede,
Le vray plaisir consiste au pouuoir du refus,
Quand vn bien est acquis, dés lors on n'en veut
 plus,
En vain à l'estimer sa valeur nous conuie,
La difficulté seule échauffe nostre enuie,
Et celuy qui nous charme auec le plus d'appas
C'est celuy qu'obtenant l'on peut n'obtenir pas.

   ISABELLE.
Tu n'auois point encore estalé ta science.

   IACINTE.
Auecque vos deuoirs & vostre obeïssance
Si celuy qu'on vous donne est bizarre, ialoux...

   ISABELLE.
Et ialoux & bizarre il sera mon espoux.

   IACINTE.
En fin pour vn mary le Ciel vous a fait naistre,
Et moy pour estre libre & pour viure sans maistre,
Ie n'ay plus rien à dire & vous plains seulement.

   ISABELLE.
Il en faut presumer plus fauorablement.

   IACINTE.
Ie voudrois le pouuoir; mais encor, ie vous prie,
Ne m'apprédrez-vous point à qui l'on vous marie?

   ISABELLE.
Mon pere a fait ce choix, & tu sçais comme moy
Qu'en passant par Tolede il à promis ma foy,
Qu'à son retour tantost i'en ay sceu la nouuelle,

     A ij

Et que de mon destin la tyrannie est telle
Que sans vouloir m'entēdre, on m'ordonne demain
De donner tout ensemble & mō cœur & ma main,
Cet espoux pretendu ne veut point de remise.

IACINTE.

Il fait desia le maistre?

ISABELLE.

        Vn pere l'authorise.

IACINTE.

Il est riche?

ISABELLE.

    Le cœur secrettement me dit
Qu'il a beaucoup de bien, mais qu'il a peu d'esprit.
Puis-je iuger en luy qu'vne ame trop vulgaire
Puisqu'il presse si fort dessous l'adueu d'vn pere?
S'il n'auoit cent defauts il n'auroit pas voulu
Faire agir contre-moy son pouuoir absolu,
Il me tesmoigneroit qu'il sçait comme l'on ayme,
Ne voudroit obtenir mō cœur que de moy-mesme,
Et de cette conqueste il confieroit l'espoir
A son propre merite & non à mon deuoir.

IACINTE.

De son nom pour le moins vous estes informée?

ISABELLE.

La curiosité marque vne ame enflamée,
Ie n'en ay demandé ny le rang, ny le nom.

IACINTE.

Et cependant, Madame, à parler tout de bon,
Vostre anciē amant, ou bien plustost vostre ombre,
Doutez-vous que des morts il n'augmente le
    nombre
Si tost qu'il vous sçaura dans les bras d'vn riual?

ISABELLE.

D. Felix?

IACINTE.

    Cet Hymen luy deuiendra fatal.

ISABELLE.

I'auray ce bien du moins dans ma triste infortune

Qu'elle me defera d'vne amour importune,
Ie ne fçay quel Demon de mon repos ialoux
Où ie dois me trouuer luy donne rendez vous,
Mais par tout où ie fuis, au Temple, dans la ruë,
C'est le premier objet qui vient frapper ma veuë,
En effet c'est vne ombre attachée à mes pas.

IACINTE.

Ah, que pour vous encor l'amour a peu d'appas!

ISABELLE.

Helas, Iacinte!

IACINTE.

Et quoy? voftre cœur en foûpire,

ISABELLE,

Tu iuges mal.

IACINTE.

Dequoy?

ISABELLE.

Ie n'ofe te le dire,

Et pourtant . . . .

IACINTE.

Tout de bon, vous aymez?

ISABELLE.

Il est vray.

IACINTE.

O la fecrette ! & qui, de grace?

ISABELLE.

Ie ne fçay.

IACINTE.

Vous ne me feriez point confidence du refte?

ISABELLE,

Ne te fouuient-il plus de l'accident funefte
Que ie cache auec foin à tout autre qu'à toy,
Et qui depuis vn mois m'a donné tant d'effroy?

IACINTE.

Quoy, ce braue inconnu qui vous fauua la vie
Par la peur d'vn Taureau defia prefque rauie
Lors qu'au déceu d'vn pere & fans me l'auoir dit,
Vne parente & vous fortites de Madrid,

A iij

Et qu'vn mauuais deftin vous penfa bien cher
    vendre
Ce peu de liberté que vous ofaftes prendre,
Seroit-ce bien celuy qui vous fait foûpirer?
ISABELLE.
Luy-mefme.

IACINTE.
Et vous pouuez aymer fans efperer?
ISABELLE.
Sa vie en ma faueur librement hazardée
M'en a fait conceuoir vne fi haute idée,
Que malgré moy fans ceffe elle offre à mõ efprit....
IACINTE.
Ah fans doute, Madame, il faut quitter Madrid,
Voicy quelque meffage.
ISABELLE.
        Adieu toute ma ioye.

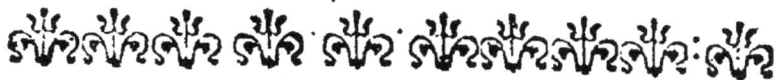

SCENE II.

ISABELLE, IACINTE,
GVZMAN.

ISABELLE.

Qve veux-tu?
GVZMAN.
    D. Aluar, Madame, icy m'enuoye.
ISABELLE.
D. Aluar?   GVZMAN.
    Ouy, Madame, vn parent de celuy
Qui vous eft deftiné pour efpoux auiourd'huy,
Et qui m'enuoye icy vous faire humble requefte
Que bien-toft à partir vous foyez toute prefte.

ISABELLE.

Vn meſſage pareil de ſa part me ſurprend,
Il n'eſt pas mon eſpoux pour eſtre ſon parent,
D'où luy vient ce pouuoir?

GVZMAN.

     D. Bertran le luy donne.

ISABELLE.

Que ne me le vient-il expliquer en perſonne?

GVZMAN.

L'ordre eſt ainſi donné, Madame, il n'oſeroit,
Auecque D. Bertran il faut marcher bien droit,
Il eſt plus difficile à ferrer qu'vne mule.

ISABELLE.

D. Bertran! que ce nom me ſemble ridicule,
Apprens-nous quel il eſt.

GVZMAN.

     C'eſt vn galand du temps,
Vn fort braue ieune homme âgé de ſoixante ans,
Qui pour remedier à la chaleur de l'âge
S eſt enfin reſolu de ſe mettre en ménage.
Il vous eſcrit.

ISABELLE.

A moy! Qui?

GVZMAN.

     Ce futur eſpoux,
Ce D. Bertran.

IACINTE.

Voyez ſi le ſtyle en eſt doux.

ISABELLE lit.

*Ma fille. I'ay ſix mil & quarante & deux
ducats de rente, & D. Aluar mon couſin & prétendu beau-frere eſt mon heritier ſi ie n'ay point
d'enfants. On m'a dit qu'en me mariant auecque
vous i'en pourray auoir autant que bon me ſem-
blera. Venez donc dés aujourd'huy à l'hoſtellerie
d'Ylleſcas, où ie vous attends pour traiter de*

l'vn, & pour l'autre, nous y aduiserons à loisir;
mais souuenez-vous que ie suis dans vne hostellerie, & qu'il y fait fort cher viure en cette saison,
c'est pourquoy ne perdez point de temps, partez
promptement, & mettez vn masque auparauant
que mon cousin vous aille trouuer de ma part, car
le soin de vostre honneur commence desia à me regarder, & vous ne deuez point vous laisser voir
que ie ne le iuge à propos.

Vostre mary D. BERTRAN
DE CIGARRAL.

Et l'on peut m'ordonner que j'épouse vn tel hôme!

GVZMAN.

Il n'a point son pareil d'icy iusques à Rome.

IACINTE *à Isabelle.*

Pour peu d'attention qu'on luy vueille prester
Ce valet est d'humeur à nous en bien conter.

ISABELLE.

Le ioly compliment par où son feu debute!
Ah, Iacinte, s'il faut que l'accord s'execute....

IACINTE.

Selon l'auare humeur de nostre bon vieillard
S'il rompt auecque luy ce sera grand hazard,
Ses ducats vous font tort, & s'il estoit moins
   riche...

GVZMAN.

Pour en auoir beaucoup il n'en est pas moins
   chiche,
Et les garde si bien, qu'à parler comme il faut
Ie vous plaindrois beaucoup s'il ne mouroit bien-
Auec vn tel mary vous veriez par espreuue (tost.
Qu'il n'est point de douceur qu'en l'espoir d'estre
Et si i'estois de vous, ie ne l'épouserois (vefue,
Qu'à la charge par luy de mourir dans six mois,
C'est vn terme assez long pour faire penitence.

IACINTE.

Auec grande franchise il dit ce qu'il en pense.

ISABELLE.

Il parle à cœur ouuert.

IACINTE.

Ie vay le mettre en jeu.
Mais encor, de ton maistre entretiens-nous vn peu,
Quelle mine, quel port?

GVZMAN.

Sa mine est équiuoque,
Quelquefois elle plaist, quelquefois elle choque,
Mais quant à la parole, il a grand agréement,
Et debite son fait fort nazillardement.

IACINTE.

Cela va bien. L'humeur?

GVZMAN.

N'en est pas fort commune,
Gaye, ou triste, selon les changemens de Lune,
Quoy qu'il gouste en tout têps assez peu de repos;
Car il est attaqué de tant & tant de maux
Qu'outre ceux de l'esprit & les accidentaires
Il en a pour le corps cinq ou six ordinaires.
Il est vn peu jaloux, deux fois beaucoup quin-
      teux,
Obstiné plus qu'vn Diable, & mutin plus que deux,
Mal-propre autant que douze en barbe, en linge,
      en mine,
Tousiours vers le poignet muny de la plus fine.
Quant au sçauoir, iamais on n'approcha du sien,
Il sçait mille secrets à ne guerir de rien.
Pour tous ces petits maux de rheume, toux, mi-
      graine,
Il compose à rauir l'onguent mitonmitaine,
De chaque Saltimbanque il prend leçon exprés:
Au reste fort deuot, à l'intention prés,
Il fait garder chez luy si souuent l'abstinence
Qu'on y jeusne tousiours deux Caresmes d'auance,
Voyla de ses vertus le fidelle recit.

ISABELLE.

Ie passerois par tout s'il auoit de l'esprit.

GVZMAN.

De l'esprit! Ah Madame, il fait des Comedies.

IACINTE.

Ce mestier est mal propre à guerir ses folies,
Il en empirera bien loin d'en amender.

GVZMAN.

Comme vn Poëte fameux il se fait regarder,
Il en a composé desia plus de vingt paires,
Mais les Comediens n'en representent gueres,
Le stile en est si haut qu'ils n'y comprennent rien.
Luy-mesme toutefois en dit assez de bien,
Il en trouue tousiours l'intrigue bonne & belle,
Et sa démangeaison de les produire est telle
Que faute bien souuent d'auditeurs plus parfaits,
Il va les debiter iusques à des laquais,
Mais auant qu'il soit peu vous le pourrez cõnoistre.

IACINTE.

Et bien? iamais valet seruit-il mieux son maistre?
Il fait tout ce qu'il peut pour vous en dégouster.

GVZMAN.

Aussi par deux raisons dois-ie le souhaiter,
L'vne, vous estes belle, & ce sera dommage
Qu'auec luy vous perdiez le plus beau de vostre
    áge;
Et l'autre, D. Aluar seroit son heritier.

ISABELLE.

Et quel est D. Aluar?

GVZMAN.

    Vn braue Caualier,
Noble, vaillant, ciuil, bien né, de bonne mine,
Discret...

IACINTE.

    Que n'est-ce-là celuy qu'on vous destine,
Et pourquoy vostre pere au lieu de ce mal-fait
N'a-t'il pas pris pour gendre vn homme si parfait?
Il a bien dans ce choix temoigné son caprice.

GVZMAN.

Ouy, mais ce D. Aluar comme vn autre a son vice
Qui de tant de vertus obscurcit bien l'eclat.

ISABELLE.

Quel peut estre ce vice ?

GVZMAN.

Il est gueux comme vn rat,

ISABELLE.

Si l'esprit n'est content, le bien est peu de chose.

GVZMAN.

A l'Hymen toutefois ie croy qu'il se dispose,
La sœur de D. Bertran du moins ne le hait pas.
Vous la verrez ce soir.

ISABELLE.

Elle a beaucoup d'appas?

GVZMAN.

Autant qu'elle en auoit quand elle vint au môde,
I mais fille ne fut si delicate & blonde,
Soit defaut de nature, ou bien excez d'amour,
Elle s'éuanouyt plus de sept fois par iour.

IACINTE.

C'est vn charmant party pour vn noble courage.

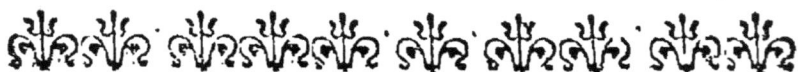

SCENE III.

D. GARCIE, ISABELLE, IACINTE, GVZMAN.

D. GARCIE.

ET bien, selon ton ordre as-tu fait ton message?

GVZMAN.

Ie l'ay fait tel, Monsieur, que i'ay crû le deuoir,
D. Aluar cependant vous peut-il venir voir?

Il est dans ce carfour attendant audience.

D. GARCIE.

Ouy, fay qu'il vienne, va.

GVZMAN.

I'y cours en diligence.

***

SCENE IV.

D. GARCIE, ISABELLE, IACINTE.

IACINTE.

Qvoy, ie te trouue en pleurs.

ISABELLE.

l'y puis bien estre, helas,
Si vous ne reuoquez l'arrest de mon trespas,
Vous-mesme iugez-en, que puis-je me promettre,
De qui m'ose enuoyer vne si belle lettre?

D. GARCIE.

Peu de chose souuent broüille vn ieune cerueau,
Voyons.

ISABELLE *luy donnant sa lettre.*

Le compliment en est rare & nouueau.

IACINTE.

Ne vous relâchez pas, & quoy qu'il en arriue
Tenez ferme tousiours dessus la negatiue.

ISABELLE.

Il n'en arriuera que ce que i'en préuoy,
Ses six mille ducats luy plairont plus qu'à moy,
Et son cœur se rendant à de si honteux charmes
Sans en estre touché verra couler mes larmes.

IACINTE.

Puisqu'il branse la teste il n'est pas satisfait.

D. GAR-

D. GARCIE *bas.*

A dire vray, ce gendre a l'esprit bien mal fait.

ISABELLE.

Et bien, que dites-vous d'vne telle sottise?

D. GARCIE.

Te faut-il estonner qu'il parle auec franchise?
Cesse d'estre en alarme & de t'en indigner,
La plus fâcheuse humeur est aisée à gagner.

ISABELLE.

Mais ce n'est qu'vn vilain, vn auare.

D. GARCIE.

Ma fille,
Il remettra du bien dedans nostre famille,
L'épargne est necessaire à qui veut s'aggrandir.

ISABELLE.

Il est capricieux.

D. GARCIE.

Il luy faut applaudir.

ISABELLE.

Il est opiniastre, & commande à baguette.

D. GARCIE.

Et bien, sois complaisante & fay ce qu'il souhaite.
Mais va querir son masque.

Iacinte sort, & il continuë.

Au moins dois-tu d'abord
Luy monstrer vn esprit souple, docile, accort,
Et que puisqu'il defend que D. Aluar te voye,
A luy plaire aujourd'huy tu mets toute ta ioye.

ISABELLE.

C'est bien vouloir ma perte & haïr mon repos
Que de me marier ainsi mal à propos,
Le ridicule espoux ! ah i'en perds patience.

D. GARCIE.

I'ay tort de n'auoir pas consulté ta prudence.

ISABELLE.

I'aymerois mieux cent fois entrer dãs vn Conuët.

D. GARCIE.

Il t'en faut donner vn auec la plume au vent,

B

Vn de ces fanfarons à l'ame effeminée,
Qui mangent tout leur fait dés la premiere année.

ISABELLE.

Mon pere, fi mes pleurs . . . .

D. GARCIE.

Ne croy rien obtenir,

I'ay donné ma parole , & ie la veux tenir,
Ma volonté doit eftre & fera la plus forte,
Mais i'entends, ce me femble, vn carroffe à la
    porte,
Cache cette trifteffe, & ne tefmoigne pas . . . .

SCENE V.

D. GARCIE, ISABELLE, IACINTE.

IACINTE.

Voicy ce beau coufin enuoyé d'Yllefcas,
Ie l'ay veu dans la Cour. O qu'il a bonne
    mine!

D. GARCIE.

Mafque-toy promptement.

ISABELLE.

O coup qui m'affaffine!

Il eft inexorable , & ie n'y gagne rien.

IACINTE.

Il s'ayme plus que vous, il le tefmoigne bien.

SCENE VI.

D. GARCIE, D. ALVAR, ISABELLE, IACINTE, GVZMAN.

D. GARCIE.

Soyez le bien venu.

D. ALVAR.

Le Ciel, ô D. Garcie,
Vous cõble d'vn bon-heur où chacun porte enuie!
Vous fçauez ce qu'icy ie viens vous demander.

D. GARCIE.

Hola, des fieges.

D. ALVAR

Non, ie ne fçaurois tarder,
Il continuë à luy parler à l'oreille.

ISABELLE.

O Ciel, que voy-je? Helas, Iacinte, c'eſt luy-meſme.

IACINTE.

Qui, Madame?

ISABELLE.

C'eſt luy, cet inconnu que i'ayme,
Qui m'a fauué la vie, & dont ie te parlois.

D. ALVAR *à D. Garcie.*

Enfin fes volontez me font autant de loix.
Iene puis autre chofe & ma charge eſt expreffe,
Ie vous dois de fa part demander fa maiftreffe,
La mener au carroffe, & la fuiure à cheual.

D. GARCIE *bas.*

Tant de précautions fentent bien fon brutal:
Ie n'ofe vous preffer fur ce point dauantage,

B ij

Et fans plus differer ie confens au voyage,
Vous voyez Ifabelle en eftat de partir.

D. ALVAR à *Ifabelle masquée.*

Des coups que vous portez on veut me garantir,
Madame, & fi l'on cache à ma debile veuë
Les celeftes attraits dont vous eftes pourueuë,
L'on connoit que l'éclat n'en peut eftre fouffert,
Que ie pourrois me perdre où tout autre fe pert,
Et malgré le refpect où mon ame eft forcée
Permettre pour le moins vn crime à ma penfée.

ISABELLE.

Vous me confirmez bien ce qu'on m'a toufiours
dit
Que la ciuilité n'eft pas toute à Madrid.
Trouuer lieu fans me voir à tant de flatterie,
C'eft le dernier effet de la galanterie:
Mais peut-eftre tantoft lors que vous me verrez
D'vn pareil compliment vous vous repentirez,
Vous changerez fans doute & d'ame & de langage,
Et voyant d'autres traits fur ce trifte vifage
Que ceux que voftre efprit s'en eft imaginé,
De voftre aueuglement vous ferez eftonné,
Et me confefferez qu'à m'auoir mieux connuë
Vous vous fuffiez feruy de tant de retenuë,
Qu'à d'autres fentimens vous laiffant emporter
Vous n'euffiez pas perdu le temps à me flatter.

D. ALVAR.

A d'autres fentimens ! en puif-ie auoir, Madame,
Que ceux qu'vn vray merite infpire dans vne ame?
La grádeur de la voftre en ce difcours charmant....

D. GARCIE.

C'eft eftre trop long-temps deffus le compliment,
Partons puifqu'il le faut.

D. ALVAR.

Il n'eft pas neceffaire
Que vous quittiez Madrid pour vne telle affaire.

D. GARCIE.

Ie ne vous fuiurois point! & par quelle raifon?

D. ALVAR.

D. Bertran le deffend.

D. GARCIE.

Moy garder la maison,
Et souffrir que d'vn autre il reçoiue Isabelle!
Il me prend pour vn hôme à bien lourde ceruelle.

D. ALVAR.

Il croit par ce billet que ie dois vous laisser,
Vous oster sur ce point tout lieu de balancer,
Et veut comme bon gendre épargner à vostre âge
La peine & l'embarras de faire ce voyage.

D. GARCIE.

En effet, Yllescas est bien loin de Madrid.

D. ALVAR.

Enfin vous resoudrez sur ce qu'il a souscrit.

D. GARCIE lit.

Par deuant Alonso Ruyz & Domingo San-
chez, Notaires Royaux à Tolede, s'est comparu
D. Bertran de Cigarral, lequel de son bon gré, &
sans aucune contrainte, a reconnu & confeßé
auoir receu de D. Garcie de Contreras vne sien-
ne fille, auec ses taches bonnes ou mauuaises,
se soûmettant d'en faire au plutost son espouse
legitime, & de la luy rendre telle & aussi en-
tiere toutes fois & quantes qu'elle luy pourra
estre demandée pour nullité de fait. En tesmoing
dequoy ils ont signé ce 19. de May 1651.

D. BERTRAN DE CIGARRAL, ALONSO
RVYZ, DOMINGO SANCHEZ.

ISABELLE.

A t'on iamais parlé de telle extrauagance?

D. GARCIE.

Il a perdu l'esprit auecque sa quittance.
Traiter ainsi ma fille! ou diable a-t'il pensé
De l'attendre au moyen de son recepissé?

B iij

à D. Aluar.

Mais de grace entre nous, qu'eſt-ce qu'il en ſoup-
    çonne?
Croit-il que ie la vends, ou bien que ie la donne?

D. ALVAR.

Ce caprice pour luy m'oblige de rougir,
Mais i'ay beau l'en blâmer, c'eſt ſa façon d'agir,
Il ne s'en peut défaire.

ISABELLE.

        Elle eſt aſſez eſtrange.

D. GARCIE.

Ne t'inquiete point, en moins de rien on change,
Il ne ſera pas tel que nous nous figurons,
Et nous receura mieux que nous ne l'eſperons,
Ne differons donc plus, & partons ſans remiſe.

ISABELLE.

Helas ! quelle eſperance à mon ame eſt permiſe !

Fin du premier Acte.

ACTE II.

SCENE PREMIERE.

D. FELIX, MENDOCE.

MENDOCE.

La fin nous voicy, Monſieur, dans
Ylleſcas.

D. FELIX.

O lieu pour moy funeſte ! helas, Men-
doce, helas,
Ne me demande point le ſuiet qui m'améne,
Si tu ſçauois mon mal, ſi tu ſçauois ma peine,
Tu me confeſſerois qu'en de tels déplaiſirs
C'eſt peu que d'exhaler ſa douleur en ſoûpirs.

MENDOCE.

Ie ne ſçay quel malheur vous auez lieu de craindre,
Vous ne ſongiez rien moins ce matin qu'à vous
plaindre,
Ce cœur d'aucun ſoucy ne paroiſſoit chargé,
Et preſque en vn moment vous voyla tout changé.
Ie vous trouue reſveur, inquiet, las de viure,
Vous montez à cheual, & vous me faites ſuiure,
Nous marchons ſans parler tout le long du che-
min,
Chez l'hoſte d'Ylleſcas nous arriuons enfin,

Et fans dire le mal dont voftre ame eft atteinte
Vous redonnez encor de nouueau fur la plainte.
Quel en eft le fuiet ? tirez-moy de foucy.

D. FELIX.

Que te diray-ie, helas ? ie viens mourir icy,
Et rendre témoignage à la beauté que i'ayme
Que comme fa rigueur mon amour eft extréme.

MENDOCE.

Vous n'en mourrez donc pas puifqu'il s'agit d'a-
mour,
C'eft vn mal qui commence & finit en vn iour.

D. FELIX.

Pour en guerir fi-toft la caufe en eft trop belle.
Depuis combien de temps adoray-ie Ifabelle
Sans que iamais refus, ny mépris, ny froideur,
Du feu qui me deuore ait moderé l'ardeur.
Cependant, ô difgrace à qui ma raifon cede!
D. Garcie aujourd'huy la marie à Tolede,
D. Bertran fon efpoux l'attend icy ce foir,
Toute prefte à partir on me l'a fait fçauoir,
Et ie viens empefcher, ou par force, ou par rufe,
Qu'vn autre n'ait vn bien qu'à ma flame on refufe.

MENDOCE.

Sans venir vous monftrer de fon bonheur jaloux
Vous euffiez bien mieux fait de demeurer chez
vous,
Puifque tout eft d'accord, que pouuez-vous prétendre ?

D. FELIX.

L'efpoir eft fi charmãt qu'on ne s'en peut défendre,
Malgré de mon deftin l'impitoyable loy
I'efpere en Ifabelle, en D. Bertran, en moy,
Ie fçay que fon bien feul le rend recommandable,
Et qu'il fert à chacun de rifée & de fable,
Ce n'eft rien qu'vn brutal, & peut-eftre à le voir
Ifabelle oubliera ce trop cruel deuoir,
Dont l'afpre aufterité la force en dépit d'elle
De courir en aueugle où fa rigueur l'appelle.

Ie parleray, Mendoce, & ce peu que ie vaux
Se fera mieux connoiſtre aupres tant de defauts,
Il pourra m'acquerir le cœur de mon ingrate,
Et faire reüſſir l'eſpoir dont ie me flatte.
Que ſi trop de vertu l'obligo à ſe trahir
Iuſqu'à vouloir me perdre en voulant obeïr,
Comme ce D. Bertran n'agit que par caprice
I'empeſcheray par luy que l'Hymen s'accom-
    pliſſe,
Et le faiſant entrer en doute de ſa foy
Ie ſçauray trauailler & pour elle & pour moy.
L'artifice en amour fut touſiours legitime,
Feindre d'en eſtre aymé n'eſt pas faire vn grand
    crime,
Et peut-eſtre par là mon bigearre alarmé
Me cedera l'obiet dont mon cœur eſt charmé,
Et ſur vn tel ſoupçon l'ame toute incertaine....
        MENDOCE.
On ſe plaint, eſcoutez.

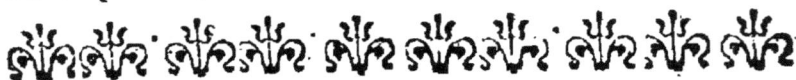

SCENE II.

D. BERTRAN, LEONOR, D. FELIX, MENDOCE.

D. BERTRAN.

IE me fouſtiens à peine,
Au Diable ſoit la mule auec le muletier.
        D. FELIX.
Et bien, Mendoce, voy, ce lourdaut, ce groſſier,
C'eſt là ce D. Bertran.
        MENDOCE.
        O l'homme ridicule!

D. BERTRAN.

Quel chien de trot alloit cette maudite mule,
I'en ay le col démis, & les os tous rompus.

LEONOR.

Quand vous vous marierez il n'y paroiſtra plus.

D. BERTRAN.

Vous parlez donc prouerbe, ô ſœur à blonde
treſſe.

LEONOR.

Toute douleur s'appaiſe auprés d'vne maiſtreſſe.
Ah, ſi pareil bonheur...

D. BERTRAN.

C'eſt bien pour voſtre nez.

LEONOR.

Si vous vouliez pourtant...

D. BERTRAN.

Ah, vous m'importunez.

LEONOR.

D. Aluar....

D. BERTRAN.

D. Aluar n'eſt pas encor trop ſage,
Ie veux laiſſer meurir ſon eſprit dauantage,
Pour quelque couple d'ans rengainez vos amours.

LEONOR.

Mais vous ne ſongez pas que ie vieillis touſiours.

D. BERTRAN.

N'importe.

LEONOR.

Puiſqu'il m'ayme...

D. BERTRAN.

Acheuons, ie vous prie.

LEONOR.

Vous deuriez...

D. BERTRAN.

Suffit qu'vn de nous ſe marie,
Ie vous le tranche net deuant ce Caualier.

D. FELIX.

Vous venez donc icy, Monſieur, vous marier?

D. BERTRAN.

A peu prés, & ma sœur en semble estre jalouse.
Pour peu que vous tardiez vous verrez mō épouse,
Elle viendra bien-tost, ie l'ay mandée exprés,
On m'a dit qu'elle est belle à regarder de prés.

D. FELIX.

A voir ce que le Ciel aujourd'huy luy prepare,
Ie la croy d'vn merite & bien haut & bien rare,
L'éclat de son bonheur blessera bien des yeux.

D. BERTRAN.

N'importe, elle m'aura malgré les enuieux ;
Mais on m'en vient enfin dire quelque nouuelle,
Ie vois vn de mes gens.

SCENE III.

D. BERTRAN, D. FELIX, LEONOR, GVZMAN, MENDOCE.

D. BERTRAN.

ET bien, nostre Isabelle,
Est-elle encore loin?

GVZMAN.

Enuiron à cent pas.

D. BERTRAN.

Ma lettre, qu'en dit-elle?

GVZMAN.

Elle en fait vn grand cas.
Aussi c'est vne aymable & bonne creature,
Ie n'en ay iamais veu de plus belle en peinture,
De ses yeux rayonnants l'éclat est sans pareil,
Vostre cœur s'y fondra comme cire au Soleil,

Prenez bien garde à vous.

D. BERTRAN.

Mon cousin l'a-t'il veuë?

GVZMAN.

Ie l'auois fait masquer.

D. BERTRAN.

L'a-t'il entretenuë?

GVZMAN.

Point du tout.

D. BERTRAN.

Elle m'ayme?

GVZMAN.

Ouy, ie croy qu'elle en tient.
Sçauez-vous cependant que le beau-pere vient,
Qu'il veut se réjouyr & dançer à la nopce,
Mais les voicy venus, & j'entends le carrosse.

D. BERTRAN.

Pour rire à mes dépens il s'en vient donc exprés?
C'est bien icy le temps de faire tant de frais,
Il peut s'en retourner si c'est ce qui l'améne.

D. FELIX.

Voicy le point fatal qui doit croistre ma peine,

SCENE

SCENE IV.

**D. GARCIE, D. BERTRAN,
D. ALVAR, D. FELIX,
ISABELLE** *masquée*, **LEONOR,
IACINTE, GVZMAN,
MENDOCE.**

IACINTE.

Qvelle figure d'homme!

ISABELLE.

O le vilain espoux!

Est-il rien de plus laid?

D. BERTRAN.

Beau-pere, approchez-vous,

à D. Aluar.

A mes ordres ainsi vous estes refractaire,
Et vous m'auez enfin amené le beau-pere.

D. GARCIE.

Ie viens vous témoigner qu'en vain....

D. BERTRAN.

Sans compliment,

Oyez vn mot icy.

IACINTE *à Isabelle regardant Leonor.*

C'est elle asseurément;

C'est cette blonde sœur de D. Aluar éprise.
Mais voyez, D. Felix....

ISABELLE.

O Ciel, quelle surprise!

Qu'ainsi ce D. Felix vienne mal à propos

C

Iufqu'icy me déplaire & troubler mon repos!

D. FELIX.

Mendoce, elle me voit.

D. GARCIE à D. Bertran.

C'eft vne affaire faite,
Sa volonté fe borne en ce que ie fouhaite.

D. BERTRAN.

Ie puis donc luy parler ainfi qu'il me plaira?

D. GARCIE.

Sans doute.

D. BERTRAN.

Et mon difcours....

D. GARCIE.

Soudain la charmera.

D. BERTRAN.

Ie m'en vais l'aborder. Ah, Madame Ifabelle,
Ou bien vous eftes laide, ou bien vous eftes belle.
Or fi vous eftes laide, il vous faut fur ma foy
Ne monftrer vos laideurs à perfonne qu'à moy,
Et fi vous eftes belle, à bon droit i'apprehende,
Car la fragilité du fexe eft affez grande.
Ainfi foit belle ou laide, & deuft-on s'en moc-
    quer,
C'eft fort bien aduifé que vous faire mafquer.

ISABELLE.

L'impertinent difcours! quelle refponce y faire?

IACINTE.

Songez-y toutefois, il l'attend.

D. BERTRAN.

Ho, beau-pere,
Elle ne répond point, qui l'en peut empefcher?

D. GARCIE.

Contre la modeftie elle craint de pecher.

D. BERTRAN.

Sur le point de fe voir richement mariée
L'aife la tient ainfi fans doute extafiée.

D. GARCIE.

Parler bien à propos eft fort rare aujourd'huy.

D. BERTRAN.

Il est vray, par soy-mesme on iuge mal d'autruy.
C'est donc qu'elle n'a pas en main la repartie?

D. GARCIE.

Ie vous ay desia dit que c'est par modestie.

D BERTRAN.

Vous tairez-vous tousiours, objet, ma passion?

ISABELLE.

Le silence est l'effet de l'admiration,
Et vos rares vertus qui font que ie soûpire
M'étonnent tellement que ie ne sçay que dire.
Leur éclat a surpris mon cœur au dépourueu,
Et si sans vous connoistre & sans vous auoir veu
Les cômpliments ciuils dont vostre lettre est pleine
M'ont interdit les sens, & mis l'ame à la gêne,
Iugez si ie les puis aisément rappeller
En vous voyant vous-mesme & vous oyant parler.

D. ALVAR à *Guzman*.

Il ne s'apperçoit pas qu'on le raille.

D. BERTRAN.

               , Ah galante,
Plus matoise que vous n'est pas trop innocente.
Et bien, que dites-vous de ce discours adroit,
Ma sœur?

LEONOR.

Qu'elle répond comme vne autre feroit.

D. BERTRAN.

Et mon cousin?

D. ALVAR.

        Qu'il faut que toute autre luy cede,
Et qu'elle a trop d'esprit pour ne pas estre laide.

D. FELIX *bas.*

I'esprouue le contraire, helas, à mes dépens.

LEONOR.

Faites-la demasquer, mon frere, il en est temps.

D. BERTRAN.

Ouy, ça, voyons vn peu quelle est vostre figure,
Et si vous n'estes point de laide regardure.

ISABELLE *se démasquant.*

C'eſt à moy d'obeïr puiſque vous l'ordounez.

D. ALVAR.

Que vois-je ? helas , Guzman.

GVZMAN.

Quoy donc, vous-en tenez?

D. FELIX.

A la voir ſeulement que mon ame eſt rauie!

D. ALVAR.

C'eſt celle que i'adore, & qui me doit la vie,
Ie ſuis perdu, Guzman, ſi l'Hymen s'accomplit.

IACINTE *à Iſabelle.*

L'on vous a reconnuë , & D. Aluar pâlit.

D. BERTRAN.

Ma foy, ie ne ſçay pas quel en fut l'exemplaire,
Mais vous auez bien là réüſſi, mon beau-pere.

D. GARCIE.

Ce qu'elle a de beauté pour le moins eſt ſans fard.

D. BERTRAN.

Elle a l'œil à mon gré mignardement hagard,
Et ſi iamais en vers ie dois peindre vne belle,
Allez,ie pourray bien prendre patron ſur elle.

ISABELLE *à Iacinte.*

As-tu iamais oüy diſcours plus ennuyeux?

IACINTE.

Eſcoutez D. Aluar , il vous parle des yeux.

D. BERTRAN *à D. Aluar.*

Eſt-elle laide? & bien, le croyez-vous encore?

D. ALVAR.

Elle eſt incomparable, & digne qu'on l'adore.

D. BERTRAN *à Iſabelle.*

Oyez-vous ce qu'il dit?

ISABELLE.

D. Aluar eſt flatteur.

D. ALVAR *bas.*

Tu m'aduoüerois que non ſi tu voyois mon cœur.

D. BERTRAN.

Vous me ſemblez parfaité autāt que les parfaites,

Vous auez les yeux doux , les paupieres bien
   faites,
Qui ne vous aymeroit ie le tiendrois pour fot.
Ma foy, remafquez-vous, ou ie ne diray mot,
Vifage découuert ie n'en fçay par où prendre.

ISABELLE.

Voftre entretien eft tel que ie n'ofe y pretendre,
Ceffez de profaner vn difcours fi poly.

D. BERTRAN à D. Garcie.

Vous l'auez bien inftruite, elle a l'efprit ioly,
Son humeur toutefois me femble vn peu réueufe.
Mon coufin , contez-luy quelque hiftoire amou-
   reufe,
Mais qui foit intriguée, & pleine d'incidens.
   à Ifabelle fe touchant le front auec la main.
Vous verrez quel efprit s'enferme là dedans,
I'en fçauray dés demain faire vne Comedie
Que pour gage d'amour defia ie vous dédie.
Vous diuertirez-vous à l'oüyr?

ISABELLE.

              Ie le croy.

D. BERTRAN.

Dites donc.

D. ALVAR.

    Ie commence. Amour , feconde-moy.
En vn iour de Taureaux, hors Madrid, dans la
   pleine,
Vn Caualier fuiuoit vne route incertaine
Lors qu'vn digne fpectacle ayant frapé fes yeux
Réueilla tout à coup fon efprit curieux.
Vne Dame, en fa taille à nulle autre feconde,
Sembloit pour eftre feule auoir fuy tout le môde,
Et loin des ieux publics venir refuer exprez
Aux bords delicieux du beau Mançanarez.
Il s'arrefte, & de loin furpris il examine
Quel deffein peut auoir cette beauté diuine,
Qu'à fon port il croit telle, & digne de l'ardeur
Dont peut vn bel objet enflamer vn grand cœur.

                    C iij

Mais dans cette furprife il ne demeura gueres
Qu'vn fier Taureau s'échape,& force les barrieres,
Et de cette inconnuë euft terminé les iours
S'il n'euft efté du Ciel conduit à fon fecours.
Il s'auance, il s'écrie, & voit auecque ioye
Que toute fa fureur fur luy feul fe déploye.
Auec vn peu d'adreffe il évite d'abord
Dans fa premiere rage vne infaillible mort,
Tant que prenant fon temps enfin il fçait l'abatre,
Et le met d'vn feul coup hors d'eftat de combatre.
Qu'elle pouuoit alors eftre cette beauté
Qui fe croyoit encore à peine en feureté?
Il la voit toute pafle, & fon charmant vifage
Cachet tous fes attraits fous vn petit nüage,
Mais s'eftant raffeurée au fuccez du combat
Cette mefme pafleur en rehauffa l'éclat,
Auec qui la pudeur faifant vn doux mélange
Aux yeux du Caualier la fit paroiftre vn Ange.
Mais quels charmes nouueaux & quels rauiffe-
        ments
Quand fon efprit parût dans fes remerciments!
Auecque tant de grace elle fe plaift à dire
Qu'elle tient de luy feul le iour qu'elle refpire,
Que charmé d'vn efprit & fi prompt & fi vif
De fon liberateur il deuient fon captif,
Defia dedans fes yeux fa paffion éclate.
En ce point toutefois elle fe monftre ingrate
Qu'ofant de fa vertu former quelque foupçon
Elle refte obftinée à luy cacher fon nom.
D'ingratitude en vain fon reproche l'accufe,
Vne raifon fecrette eft toute fon excufe,
Se découurir à luy, c'eft fe mettre en danger,
Et s'il l'a veut enfin pleinement obliger,
Il faut qu'il fe refolve à taire fa victoire,
Et qu'il n'en cherche point d'autre fruict que la
        gloire.
Il s'engage au fecret, il en donne fa foy,
Et de cette parole il fe fait vne loy.

Enfin elle le quitte, & ioint vne autre Dame
Sans donner plus d'efpoir à fa nouuelle flame.
Il les voit tout confus d'vn regard curieux
En s'éloignant de luy ietter fur luy les yeux,
Il fe donne à les fuiure vne peine inutile,
Entrant dans vn carroffe elles gagnent la ville,
Où pendant quelques iours il tafche à découurir
Quel eft ce cher objet qu'il a fceu fecourir.
Cependant vn amy marié par promeffe
L'engage auecque luy d'aller voir fa maiftreffe,
Mais quel fenfible coup a fon cœur enflamé
Alors qu'il reconnoift l'objet qui l'a charmé,
Qu'il voit vn autre heureux, & qu'enfin on s'ap-
    prefte
A l'enrichir bien-toft de fa propre conquefte !
Il foûpire, il luy parle, & deuant fon riual,
Sans qu'il s'en apperçoine, il luy conte fon mal.
Elle en paroit furprife, il l'attendrit fans doute,
Auecque émotion il voit qu'elle l'écoute,
Mais fa feule efperance eft dans le defefpoir
Puifqu'elle s'abandonne à fon trifte deuoir.
Au recit du malheur dont le deftin l'accable
Iugez s'il fut iamais amant plus déplorable.

ISABELLE.

Ie plains fort l'vn & l'autre, & doute qui des deux
En ce trifte rencontre eft le plus malheureux.
Vn bien-fait peut beaucoup fur vn noble courage,
Peignant vn grand merite en fecret il engage,
C'eft vn fideue agent qui parle nuit & iour,
Dans la reconnoiffance il entre vn peu d'amour,
Sa flame fous ce mafque ayfément fe déguife,
L'on court mefme au deuant de fa douce furprife,
Tant il eft difficile apres vn tel bonheur
De donner fon eftime & de garder fon cœur.
De cette Dame ainfi le malheur eft extréme,
Car enfin elle perd ce que fans doute elle ayme,
Et pour comble de maux, dans fon affliction
On la liure à l'objet de fon auerfion.

D. ALVAR.

Que dites-vous, Madame ? ah, s'il ofoit le croire,
Qu'en vn fi grand malheur il trouueroit de gloire ?

ISABELLE.

Si par vn grand feruice il l'a fceu meriter,
Sans l'en iuger indigne il n'en fçauroit douter.

D. ALVAR.

Vous trouuez cependant qu'ils font tous deux à
plaindre ?

ISABELLE.

C'eft ne l'eftre pas peu qu'eftre reduits à feindre.

D. ALVAR.

Si d'vn pareil malheur vous reffentiez les coups,
Contre ou pour cet amant que refoudriez-vous?

ISABELLE.

Que refoudrois-ie, helas ? pour le prix de fa flame
Il auroit mes foûpirs au defaut de mon ame,
Et s'il m'eftoit permis de difpofer de moy....

D. ALVAR.

Qu'obtiendroit-il, Madame?

ISABELLE.

Et mon cœur, & ma foy.

D. ALVAR.

Ce feroit le combler d'vne ioye infinie
Que....

D. BERTRAN.

Tout doux, mon coufin, & fans ceremonie,
Vous vous émancipez, vn peu plus bas d'vn ton.
Diable, quelle commere ! elle entend le jargon!

ISABELLE.

I'ay fait cette refponfe auec grande innocence.

D. BERTRAN.

O-là, vous en fçauez bien d'autres, que ie penfe.
Refvez fi vous voulez, mais ie me trompe bien
Si pour vous égayer il vous conte plus rien.

D. ALVAR.

Vous m'auiez demandé quelque hiftoire amou-
reufe.

D. BERTRAN.

Vous estes vn causeur, elle est vne causeuse.
Mais ma foy, ie la veux vn peu dépaïser,
Et voir si dans Tolede on l'entendra iaser
Moy present, son espoux. Oyez, les belles filles,
Il faut de grand matin demain trousser ses quilles,
Peut-estre auant le iour, car i'ay haste, & ie veux
Sur mon propre fumier faire vn peu l'amoureux,
La station m'en semble & moins chere & meil-
leure.

D. GARCIE.

Vous n'auez pour partir qu'à nous donner vostre
heure.

D. BERTRAN.

Celle qui me plaira, chacun dessus vn lict
Pour estre tousiours prest peut garder son habit,
Qui ne le sera point restera pour les gages.

D. FELIX à D. Bertran.

Ie prends si grande part à tous vos aduantages,
Que demain auec vous pour en estre témoin
I'iray iusqu'à Tolede.

D. BERTRAN.

Il n'en est pas besoin,
Ie sçay bien le chemin.

D. FELIX.

Mais ..

D. BERTRAN.

Mais, ne vous déplaise.

D. FELIX.

Ie vous honore assez....

D. BERTRAN.

Et bien, i'en suis fort aise.

D. FELIX.

Vous pourriez auiourd'huy me refuser ce point,
A moy qui...

D. BERTRAN.

A vous qui, ie ne vous connois point.

D. FELIX.

I'estois fort grand amy de Monsieur vostre pere,

Il m'eſtimoit beaucoup.

D. BERTRAN.

Ie n'y ſçaurois que faire,
Il pria qui luy plut quand il ſe maria,
Mais de ſon temps au mien grand changement y a,
Pouruoyez-vous ailleurs.

D. FELIX.

Quelle eſtrange ſaillie !

MENDOCE.

Ie l'enuoyerois au Diable auecque ſa folie.

D. FELIX.

Adieu, ne craignez point que ie ſuiue vos pas.

D. BERTRAN.

Ne me voyez iamais, ie n'en pleureray pas.

⁕⁕⁕⁕⁕⁕⁕⁕⁕⁕⁕⁕

SCENE V.

D. GARCIE, D. BERTRAN, D. ALVAR, ISABELLE, LEONOR, IACINTE, GVZMAN.

D. BERTRAN.

DE pareils eſtafiers le quart d'vne douzaine
A deſenfler ma bourſe auroient bien peu de
peine.
Où Diable celuy-cy s'eſt-il venu fourrer?
Se prier de ma nopce afin de s'y bourrer!
Il s'eſt bien adreſſé pour rencontrer ſa dupe,
Mais comme il ſe fait tard, vn autre ſoin m'occupe,
Dequoy ſouperons-nous ? Ma maiſtreſſe, allôs voir
Si l'hoſte a quelque choſe à nous donner ce ſoir,

Nous choisirons ensemble vn morceau de regale,
Venez. *Il luy presente sa main sans gand.*

ISABELLE.

Ah!

D. BERTRAN.

Ce n'est rien, ce n'est qu'vn peu de gale.
Ie tasche à luy joüer pourtant d'vn mauuais tour,
Ie me frotte d'onguent cinq ou six fois par iour,
Il ne m'en couste rien, moy-mesme i'en sçay faire,
Mais elle est à l'épreuue, & comme hereditaire,
Si nous auons lignée elle en pourra tenir,   (nir,
Mon pere en mon ieune âge eut soin de m'en four-
Ma mere, mon ayeul, mes oncles & mes tantes
Ont esté de tout temps & galants & galantes,
C'est vn droit de famille où chacun a sa part,
Quand vn de nous en manque il passe pour bastard.

D. GARCIE.

Elle vous tient donc lieu de lettres de noblesse ?

ISABELLE.

Le cœur me va manquer si ce discours ne cesse.

D. BERTRAN.

Ie vous entends, la belle, allons le rafermir,
Et puis nous songerons vn moment à dormir.

SCENE VI.

D. ALVAR, GVZMAN.

D. ALVAR.

Iamais fou plus auant poussa-t'il sa folie?

GVZMAN.

S'il n'amende bien-tost il faudra qu'on le lie.

Mais tantoft à vous voir i'ay refté tout confus,
Vous foûpiriez ?

D. ALVAR.

Helas, ne t'en eftonne plus,
Ie meurs pour Ifabelle, & mon ame afferuie...

GVZMAN.

Vous m'auez defia dit qu'elle vous doit la vie,
Et ie deuine trop que cet éuenement....

D. ALVAR.

Eft la fource des maux que ie fouffre en aymant,
I'ay rencontré la mort dans mõ champ de victoire,
Et i'en viens de conter la pitoyable hiftoire.
Que fi iufques icy ie t'en ay fait fecret,
On n'en auoit prié, Guzman, ie fuis difcret.

GVZMAN.

Ie croy fi D. Bertran fçauoit ce qui fe paffe
Qu'il vous en pourroit faire affez laide grimace,
Et que Leonor mefme en ayant quelque vent
S'en éuanoüiroit encore plus fouuent,
Car elle vous en veut, & voftre peau la tente.
Elle vous eft pourtant affez indifferente?

D. ALVAR.

Si pefante de corps, & d'efprit fi leger,
Sœur d'vn frere fi fou, qui s'en voudroit charger ?
Mais elle te parloit tantoft ?

GVZMAN.

Ouy, pour me dire
Qu'elle veut cette nuict vous conter fon martyre,
Qu'elle ne fermera fa porte qu'à demy,
Et que quand vous croirez D. Bertran endormy
Vous alliez la trouuer, elle vous fera fefte,
N'y manquez pas.

D. ALVAR.

I'ay bien d'autres foucis en tefte.

GVZMAN.

Quels?

D. ALVAR.

I'ayme.

GVZMAN.

GVZMAN.

Ie le fçay, qu'eft-ce encor, qu'auez-vous?

D. ALVAR.

Vu mal beaucoup plus grand, Guzman, ie suis
jaloux.

GVZMAN.

Defia?

D. ALVAR.

Ce Caualier me donne de l'ombrage
Qui vouloit auec nous acheuer le voyage,
Il ne s'eft point icy rencontré fans deflein,
Sans doute vn mefme feu nous échauffe le fein,
Ifabelle le charme, il la fuit, & peut-eftre
Il a gagné fon cœur, il s'en eft rendu maiftre,
Guzman, s'il eft ainfi ma flame a peu d'efpoir.

GVZMAN.

Il n'eft pas mal-aifé, Monfieur, de le fçauoir.
Il a certain valet que ie crois fort capable
De faire d'vn fecret confidence amiable,
Ie luy fçauray ce foir tafter le poux de prés.

D. ALVAR.

Parle donc, & de tout nous refoudrons aprés.

Fin du fecond Acte.

D

ACTE III.

SCENE PREMIERE.

D. ALVAR, GVZMAN.

GVZMAN.

Vy, vous dis-ie, ceſſez d'en prendre de
    l'ombrage.
Nous auons tout le ſoir trinqué de
    grand courage,   (couuert,
Et beuuant teſte à teſte il m'a tout dé-
Que depuis plus d'vn an ce D. Felix la ſert,
Et qu'ayant d'vn valet appris que D. Garcie
Auecque D. Bertran en ſecret la marie,
Et qu'ils s'eſtoient icy donné le rendez-vous,
Il eſt party ſoudain, deſeſperé, jaloux,
Mais par quelques motifs qu'il ſe laiſſe conduire
Aymez en aſſeurance, il ne vous ſçauroit nuire,
Il a beau proteſter qu'il eſt preſt de mourir,
Iſabelle s'en mocque, & ne le peut ſouffrir,
Pouſſez à cela prés voſtre bonne fortune.

D. ALVAR.

Sa preſence à ma flame eſt touſiours importune.

GVZMAN.

En l'eſtat où ie voy cette affaire auiourd'huy
Ie trouue D. Bertran plus à craindre que luy.

Gardez de prendre icy quatorze au lieu de douze,
Si l'Hymen se conclud ? si demain il l'espouse?

D. ALVAR.

Quoy, tu crois qu'Isabelle y pourroit consentir?

GVZMAN.

Ie ne dis oüy ny non de crainte de mentir,
Mais chacun dort icy, desia la nuiȼt s'auance,
Prenez l'occasion dans ce profond silence,
Taschez de luy parler.

D. ALVAR.

Ie viens à ce dessein,
Frape, voicy sa chambre.

GVZMAN.

En estes-vous certain ?

D. ALVAR.

I'ay bien tout obserué de peur d'en estre en peine,
D. Bertran choisissant cette chambre prochaine
A voulu qu'Isabelle eust cet apartement.

GVZMAN.

Ie puis donc y fraper?

D. ALVAR.

Ouy, frape asseurément.

GVZMAN.

Et s'il faut qu'il s'éueille à ce bruit?

D. ALVAR.

Il n'importe;
Mais quelqu'vn parle, escoute, on ouure cette porte,
Voyons qui sortira.

GVZMAN.

Cachons-nous dans ce coin.

D ij

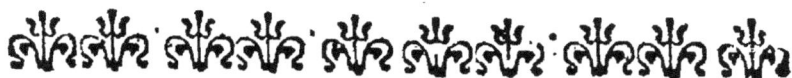

SCENE II.

D. ALVAR, ISABELLE, IACINTE, GVZMAN.

ISABELLE.

NOn non, ie ne veux pas me manquer au be-
    foin,
Allons trouuer mon pere, & quoy qu'enfin pré-
    tende…

IACINTE.

Mais du moins attendez….

ISABELLE.

                    Que veux-tu que j'attende?
Que demain de nouueau cet odieux efpoux
M'ofte la liberté d'embraffer fes genoux,
Et de le conjurer, s'il m'a donné la vie,
De ne pas confentir qu'elle me foit rauie?

IACINTE.

I'approuue voftre aduis & veux ce qui vous plaift,
Mais nous ne fçauons point en quelle chambre il
    eft,
Où le chercherons-nous?

ISABELLE.

                    O deftin trop contraire!
Faut-il qu'vn peu de bien aueugle tant vn pere,
Qu'il s'en laiffe ébloüir, & qu'vn fi vil poifon
D'vne honteufe atteinte infecte fa raifon !
Mais fans plus balancer, rendons au vray merite
Le tribut innocent dont il nous follicite,
Et s'il faut aujourd'huy fe refoudre d'aymer,
Faifons vn digne choix qu'on ne puiffe blâmer.

Mais que dis-ie ? il est fait, & ce seroit vn crime
De payer tant d'amour par vne simple estime,
Viuons pour D. Aluar, & iusques au tombeau
S'il m'ayme....

GVZMAN à D. *Aluar*.

Vous auez bonne part au gasteau.

ISABELLE.

Quelqu'vn nous écoutoit, & i'ay trahy ma flame,
Ah Ciel !

D. ALVAR.

Ne craignez rien, c'est D. Aluar, Madame.

ISABELLE.

D. Aluar!

D. ALVAR.

Escoutez vn malheureux amant
Qu'vn destin trop cruel poursuit obstinément,
Et qui prest de vous perdre en son malheur extréme
Se croira soulagé s'il vous dit qu'il vous ayme.
Ce foible allegement dans vn grand déplaisir
Ne vous sçauroit couster tout au plus qu'vn soûpir.

ISABELLE.

Helas!
D. ALVAR.

Enfin, Madame, il n'est plus temps de feindre,
Mon amour est trop pur pour le vouloir con-
traindre,
Qui languit sans espoir peut bien se declarer,
La plus aspre vertu n'en sçauroit murmurer.
Par quel decret fatal me fustes-vous connuë!
Ie vous perdis soudain apres vous auoir veuë,
Cependant en secret mon cœur porte vos fers,
Et quand ie vous retrouue aussi-tost ie vous perds.
O fortune obstinée à trauerser ma joye!
A cõbien de douleurs mets-tu mon ame en proye?

ISABELLE.

N'accusez aujourd'huy la fortune de rien,
Ce n'est qu'aux malheureux que la plainte sied bié.
Ie ne celeray point que vostre amour me touche
Puisque vous auez pû l'apprendre de ma bouche,

Et que par cet adueu qui rend mes ſens confus
Mes derniers ſentiments vous ſont aſſez connus.
Ceſſez donc de pleurer ma perte imaginaire,
Ie ne dépens point tant des volontez d'vn pere
Qu'écoutant vn deuoir à mon repos fatal,
Ie me laiſſe contraindre à l'amour d'vn brutal.
Mon cœur, deuſt-il ſouffrir vne peine infinie,
Sçaura ſe dérober à cette tyrannie,
Mais ie découure trop dans ce triſte reuers (perds,
Pourquoy vous me perdez & pourquoy ie vous
Vous aymez Leonor, Leonor vous engage,
Elle ſeule aujourd'huy charme voſtre courage,
Et ie ne puis prétendre à m'acquerir vn cœur
Qui reconnoit les loix d'vn plus noble vainqueur.

            D. ALVAR.

Par ce jaloux ſoupçon, allez, allez, Madame,
Au deuant de celuy qui regne dans voſtre ame.

            ISABELLE.

D'où vous pourroit venir ce ſentiment jaloux
Quâd ie rôps vn Hymen ſeul à craindre pour vous?

            D. ALVAR.

Seul à craindre pour moy? D. Felix vous adore.

            ISABELLE.

Que peut-il contre vous? ie le hay, ie l'abhorre.

            D. ALVAR.

Et que peut Leonor, puiſqu'vn iuſte mépris
Fut touſiours de ſon feu l'vnique & digne prix?

            ISABELLE.

Enfin donc vous m'aymez?

            D. ALVAR.

                  Mon amour eſt extréme.
En puis-ie croire autant? m'aymez-vous?

            ISABELLE.

                    Ie vous ayme,
Mais il faut empeſcher....

            GVZMAN.

                  Briſez tout court icy,
On ouure quelque porte, entrez.

ISABELLE. *à D Aluar qui la suit dans sa chambre.*

Quoy, vous aussi?

IACINTE.

Que soupçonneroit-on de le voir à telle heure?

GVZMAN.

Entrez viste.

ISABELLE.

Et Guzman?

D. ALVAR.

Il vaut mieux qu'il demeure,
Et qu'il fasse bon guet afin de m'aduertir
Aussi tost qu'il croira que ie pourray sortir.
Guzman se retire dans le coing de la galerie.

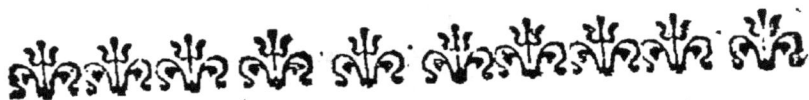

✿✿✿✿✿✿✿✿✿✿✿✿✿✿✿✿✿✿

SCENE III.

D. FELIX, MENDOCE, GVZMAN.

D. FELIX.

Marche sans faire bruit.

GVZMAN.

L'heure est bien indécente,
Sont-ce point des galants qui cherchét la seruäte?

MENDOCE.

Si l'amour tourmentoit chacun également,
Malheur plus de cent fois à qui seroit amant.
Tout le monde à present paisiblement repose,
Et vous seul....

D. FELIX.

A ma mort souffre que ie m'oppose,
Que ie voye Isabelle, & tâche à destourner

Le coup trop inhumain qui doit m'assassiner,
Il faut que ie luy parle.

MENDOCE.

                 Et vous osez pretendre
Qu'Isabelle à minuict soit preste à vous entendre,
Elle qui vous méprise auec tant de fierté?

D. FELIX.

Mon amour est pour elle vne necessité,
A moins que se resoudre à viure infortunée
Sous les honteuses loix d'vn indigne Hymenée.
Sçais-tu quelle est sa chambre ? en as-tu pris
    soucy?

MENDOCE.

Ouy, ie croy l'auoir veuë entrer en celle-cy.

D. FELIX.

Ne te trompes-tu point?

MENDOCE.

             Non, c'est icy sans doute,

D. FELIX.

Frape tout doucement, s'éueille-t'elle? écoute.

MENDOCE.

Ie pense oüir marcher , l'on ouure.

D. FELIX.

                 Esloigne toy.

SCENE IV.

D. FELIX, LEONOR, MENDOCE, GVZMAN.

LEONOR.

Qvi frape à cette porte? est-ce vous?

D. FELIX.

Ouy, c'eſt moy
Qui viens vous rendre icy ce qu'il faut que l'on
rende ....

LEONOR.

Parlez encor plus bas de peur qu'on nous entende.
Que vous me rauiſſez, & que i'ay ſouhaité
Vous pouuoir vn moment parler en liberté!
Mais ie deurois monſtrer vn peu plus de cholere,
Vous me voyiez tantoſt, & vous pouuiez-vous
taire!

D. FELIX.

Mon amour s'exprimoit aſſez par ma langueur,
Et mes yeux vous diſoient les ſecrets de mõ cœur;
Mais deuant D. Bertran vous pouuois-je, Madame,
Parler plus clairement de l'ardeur de ma flame?

LEONOR.

Il eſt vray qu'il s'oppoſe au bonheur de mes iours,
Mais pour moy contre luy n'eſt-il point de ſecours?

D. FELIX.

Ouy, Madame, il en eſt, & ſans que ie m'explique
Ie puis vous affranchir d'vn joug ſi tyrannique,
Mais quoy que i'entreprenne y conſentirez-vous?

LEONOR.

L'amour ....

D. BERTRAN *derriere le theatre.*

Qui va-là? qu'eſt-ce?

LEONOR.

Adieu, ſeparons-nous,
Ne vous arreſtez-pas dans cette galerie.
elle rentre.

D. FELIX.

Qui peut ainſi crier?

MENDOCE.

Ce ſera D. Garcie.

D. FELIX.

Tu m'auois dit qu'ailleurs il s'eſtoit retiré.

MENDOCE.

Ie l'auois crû.

D. FELIX.

Rentrons.

GVZMAN *ſeul.*

Qui l'auroit eſperé
Que ſans eſtre apperceu du beau ny de la belle
l'euſſe pû ſi prés d'eux reſter en ſentinelle!
Qu'ils paroiſſent tous deux l'vn de l'autre contents!

SCENE V.

D. ALVAR, GVZMAN.

GVZMAN.

Monſieur.

D. ALVAR *entr'ouurant la chambre*
d'Iſabelle comme preſt d'en ſortir.

Puis-je ſortir?

GVZMAN.

Ouy, viſte, il en eſt temps.
Mais i'entens D. Bertran.

D. ALVAR.

Quel malheur m'accompagne!

GVZMAN.

Rentrez encor vn coup, le Diable eſt en campa-
gne.

SCENE VI.

D. BERTRAN, GVZMAN.

D. BERTRAN *l'espée nuë à la main.*

Qvi va-là? qui va-là pour la seconde fois?
J'ay pourtant à ma porte entendu quelque voix,
On y faisoit du bruit, il faut que ie le sçache,
Ie chercheray par tout, malheur à qui se cache.
Mais ie pense entre-voir vn homme dans ce coin.
Tâchons à nous munir de courage au besoin.
Parle, qui que tu sois, ou bien ie t'estropie.

GVZMAN.

Ne vous pressez point tãt, rengainez, ie vous prie.

D. BERTRAN.

Dy ton nom.

GVZMAN.

C'est Guzman, vous m'auez fait blẽmir.

D. BERTRAN.

Que fais-tu là?

GVZMAN.

Ie cherche vne place à dormir.

D. BERTRAN.

Le lieu n'est pas mal propre.

GVZMAN.

Ailleurs, ou là, qu'importe?
Ie fais communément mon giste à quelque porte,
Estant né des Guzmans, digne race des gueux,
Ie me couche tousiours sur la dure comme eux;
Il l'éloigne de la porte d'Isabelle.
Mais de grace, Monsieur, quelle heure peut-il estre?
Le Ciel est estoilé, vous l'y pourrez connoistre.

D. BERTRAN.

Sans Lune, & fans cadran: mais vien ça, c'eftoit toy
Qui frapois à ma porte, il faut dire pourquoy.

GVZMAN.

Ie cherchois du repos loin de troubler le voftre.

D. BERTRAN.

Si quelqu'vn auoit pris vne porte pour l'autre,
Ie veux m'en éclaircir.

Il veut aller à la chambre d'Ifabelle, &
Guzman le retient.

GVZMAN.

Monfieur, il m'en fouuient.
Ce doit eftre fans doute vn Efprit qui reuient,
Ie croy mefme auoir veu quelque grande ombre
noire,
Et la chofe n'eft pas trop difficile à croire,
Car l'hofte m'a conté qu'on entend quelquefois
Dans cette galerie vn bruit confus de voix,
Vn Lutin qui tantoft foûpire, & tantoft gronde,
Mais qui ne fe fait pas entendre à tout le monde,
Vous l'aurez oüy feul, c'eft d'où venoit ce bruit.

D. BERTRAN.

Et tu viens cependant paffer icy la nuict?

GVZMAN.

I'incague les Efprits.

D. BERTRAN.

Certain defir me preffe
D'aller voir en tout cas ce que fait ma maiftreffe.

GVZMAN *l'arreftant.*

Que pourroit-elle faire à prefent? elle dort.

D. BERTRAN.

Efcoutons de plus prés, ronfle-t'elle bien fort?
Ie ne voudrois pour rien d'vne femme ronflante.

GVZMAN.

Soit qu'elle veille, ou dorme, elle eft fort patiente,
On ne l'entend iamais.

D. BERTRAN.

Ie m'en vay l'éueiller,

Car

Car i'ay démangeaiſon beaucoup de babiller.
Qu'en pourroit-elle dire ? elle eſt preſque ma
femme.

GVZMAN *l'arreſtant touſiours.*

Qu'auec peu de reſpect vous auriez peu de flame,
Elle pourroit s'en plaindre auec iuſte raiſon;
Mais ſi vous en auiez tant de démangeaiſon
Ie vous prierois . . . .

D. BERTRAN.
Dequoy?

GVZMAN.
La priere eſt hardie
De me dire des vers de quelque Comedie,
Car en ayant tant fait, comme celebre Autheur
Vous en ſçaurez du moins quinze ou ſeize par
cœur.

D. BERTRAN.
Ma foy, ie ſuis rauy par ce que tu propoſes
De te voir curieux d'oüir les belles choſes,
Ie t'en ayme encor plus, & veux te faire part
D'vne piece admirable où i'ay ſurpaſſé l'art,
Elle eſt bien pathetique, en ſentiments fort tédre.

GVZMAN. (dre.
Entrons dãs voſtre chambre, afin de mieux l'éten-

D. BERTRAN.
I'éueillerois ma ſœur qui nous interromproit.
Tu verras là dedans vn galand bien adroit,
Et l'ouurage ſur tout merueilleux en conduite.

GVZMAN.
C'eſt pour eſtre ioüé cinquante iours de ſuite.
Vous l'appellez?

D. BERTRAN.
HERODE INNOCENTITVANT.

GVZMAN.
Le beau titre !

D. BERTRAN.
Au ſujet il eſt fort congruant,
Tu l'aduoüeras toy-meſme, & ie te fais arbitre

E

S'il pouuoit receuoir vn plus fortable titre,
Tout vient dans ce grand poëme admirablement

GVZMAN. (bien.

Iamais auprés de vous Lope n'y connut rien.

D. BERTRAN.

Auffi jamais trauail ne me fit tant de peine;
Mais pour venir au fait, dans la premiere Scene
Ie fais entrer Herode & trois cents Innocents.

GVZMAN.

Deux vers à chacun d'eux, c'en eft defia fix cents,
Pour peu qu'Herode encore ait auec luy de pages
Le theatre eft remply d'affez de perfonnages.
La feconde? Sortez.

Il dit ce dernier mot à D. Aluar qui paroift auec
Iacinte à la porte d'Ifabelle.

D. BERTRAN.

Qui viens-tu d'aduertir?

GVZMAN.

Ie parle aux Innocents pour les faire fortir,
Ils tiennent trop de place. Enfin dans la feconde?

D. BERTRAN.

Ie fais dans celle-là le plus beau trait du monde,
Au point que le tyran les condamne à la mort....

Comme D. Aluar eft à demy forty de la chambre d'Ifa-
belle , D. Bertran deftourne la tefte , ce qui oblige
D. Aluar d'y rentrer , & D. Bertran continuë.

Mais qu'eft-ce-cy? ie vois ce qui me déplaift fort.

D. ALVAR à Iacinte.

Ferme vifte.

D. BERTRAN.

Ah vrayment ma maiftreffe m'amie,
Ie vous faifois grãd tort de vous croire endormie.

GVZMAN.

Qu'auez-vous veu, Monfieur?

D BERTRAN.

Vn homme feulement
Qu'Ifabelle en fa chambre enferme galamment,
Il alloit s'efchapper quand i'ay tourné la tefte.

Tiens en main comme moy la dague toute prefte,
Ie luy veux tout au moins couper iambes & bras.
Ouurez, ouurez, vous dif-ie, ou ie mets porte bas.

IACINTE dedans.

Qui frape?

GVZMAN.

Moy, mary de fabrique nouuelle.
Ifabelle fort de fa chambre auec Iacinte qui tient
de la lumiere en fa main.

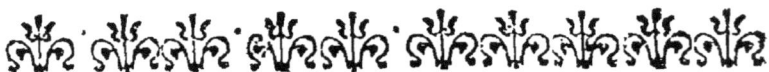

SCENE VI.

D. BERTRAN, ISABELLE
IACINTE, GVZMAN.

D. BERTRAN.

Vous ne dormiez donc pas, Ifabelle la belle?

ISABELLE.

Quoy, l'efpée en la main! que veut dire cecy?

D. BERTRAN.

Auec malin vouloir ie me tranfporte icy.
Vous ne dormiez donc pas?

ISABELLE.

Que me voulez-vous dire?

D. BERTRAN.

Que vous ne dormiez pas, mais ie n'é fais que rire,
Ce galand que ie cherche a-t'il le nez bien fait?

ISABELLE.

Faites-vous l'infenfé? l'eftes-vous en effet?

D. BERTRAN.

Vous m'eftimez donc fou, Madame la mignonne,
Et vous m'ofez le dire à moy-mefme en perfonne.
Vous en defplaife ou non, malgré vous & vos dèts

E ij

Ie m'en vay fureter & dehors & dedans
Tant que i'aye à la fin trouué le perfonnage.

      GVZMAN *prenant la chandelle des*
          mains de Iacinte.

Ie vay vous éclairer, cherchons, faifons rauage.
Ah, la tefte!

     Il fe laiffe tomber & éteint la chandelle.

      D. BERTRAN.

Qu'as-tu?

      GVZMAN.

      Ie fuis tombé tout plat.

A l'aide.

      D. BERTRAN.

    Et la lumiere eft éteinte, ô le fat.

      GVZMAN.

Ie me fuis difloqué tout le train de derriere.

      D. BERTRAN.

Hofte, garçon, feruante, hola, de la lumiere.

      IACINTE *tirant D. Aluar hors de la*
        chambre d'Ifabelle.

Coulez-vous promptement tandis qu'on ne voit
  point.

      D. BERTRAN *arreftant D. Aluar comme*
        il va pour fe couler dans fa chambre.

Qui tiens-je? Ah i'ay faifi mon galand bié à point,
Il alloit fans mot dire enfiler la venelle.
Le nom?

      GVZMAN *fe mettant entre D. Bertran*
        & D. Aluar.

    C'eft moy qui vay ralumer la chandelle.
Que vous m'étreignez fort! c'eft Guzman, lâchez
  moy.

      D. BERTRAN.

La lumiere paroift, ie verray fi c'eft toy.

      ISABELLE.

Que feray-je?

      IACINTE.

    D'vn fou vous mettez-vous en peine?

SCENE VII.

D. BERTRAN, D. ALVAR, D. FELIX, LEONOR, ISABELLE, IACINTE, GVZMAN, MENDOCE.

LEONOR.

Mon frere, qu'auez-vous?

D. BERTRAN *prenant la chandelle des mains de sa sœur, & regardant D. Aluar au nez.*

Ah, ah, mon capitaine,
C'est donc vous?

GVZMAN.

Il est pris & mieux pris qu'vn renard.

D. BERTRAN.

Mon cousin mon amy, vous n'estes qu'vn pendart.
à Isabelle.
Que faisoit-il icy ? parlez la fine mouche,

D. ALVAR. (touche,

Le soin de vostre honneur comme parent me
Et pour y regarder ie me cachois exprés.

D. BERTRAN.

Diable, vous y venez regarder de bien prés,
C'est donc pour mon honneur?

D. FELIX *à D. Aluar.*

Vous l'a-t'on mis en garde?

D. BERTRAN *se destournant tout à coup vers D. Felix.*

Dequoy vous meslez-vous ? ie veux qu'il y regarde,

E iij

D. BERTRAN

Qu'il en prenne le foin quand bon luy femblera,
Et malgré tout le monde il y regardera.

D. FELIX.

Ne vous plaignez donc point de voir . . . .

D. BERTRAN.

Ie veux me plaindre,
Pour homme tel que vous ie dois peu me contraindre.

D. FELIX.

Sçachez donc . . . .

D. BERTRAN.

Commandez de grace à vos valets,
Allez vous en dormir, & nous laiffez en paix.

D. FELIX à Mendoce.

Vien, ie renonce enfin à l'amour d'Ifabelle,
Dans fa chambre va galant, de nuict! ah l'infidelle!
Laiffons, laiffons au Ciel le foin de la punir.

GVZMAN.

Il fort.

D. BERTRAN.

Qu'il aille au Diable & fans en reuenir.

SCENE VIII.

D. BERTRAN, D. ALVAR, ISABELLE, LEONOR, IACINTE, GVZMAN.

LEONOR.

NE m'apprendrez-vous point quel eft tout ce
myftere?

D. BERTRAN.

D. Aluar mieux que moy pourra vous satisfaire.

LEONOR.

Où l'auez-vous trouué?

D. BERTRAN.

Ie l'ay surpris icy,
Il y vient pour mon conte.

LEONOR.

Et pour le sien aussi,
Il vient voir Isabelle, il l'ayme.

D. BERTRAN.

Il faut le croire,
Ou qu'il venoit encor luy conter quelque histoire,
A ces contes en l'air son cœur s'épanouit.

LEONOR s'appuyant sur Guzman.

Helas, ie n'en puis plus.

GVZMAN.

Elle s'éuanoüit,
Monsieur, son mal la prend.

D. BERTRAN.

Souftiens-la, de l'eau, viste.

ISABELLE.

Pour la mieux secourir vn moment ie la quitte,
Viens, Iacinte.

D. BERTRAN.

Ce mal est venu tout à coup.

GVZMAN.

Elle a la teste bonne, elle pese beaucoup.

D. BERTRAN.

Vous voyez, mon cousin, de quoy vous estes cause,
Mais i'ay certain onguent mixtionné d'eau rose,
Il est de grande force, & de sa pâmoison
En moins d'vne heure ou deux il nous fera raison,
Ie cours iusqu'en ma chambre.

SCENE IX.

D. ALVAR, LEONOR,
GVZMAN.

D. ALVAR.

O Difgrace inouye !

Guzman.

GVZMAN.

Feignez d'aymer la Dame éuanouye,
Contez-luy des douceurs, des quolibets d'amour,
Afin que D. Bertran les entende au retour ,
Et qu'ainfi vous croyant le cœur feru pour elle
Il ne foupçonne rien de l'amour d'Ifabelle.
Commencez voftre roole.

D. ALVAR *fe mettant à genoux deuant Leonor.*
Ah, cruels déplaifirs !

Digne objet de ma flame, écoutez mes foûpirs,
Voyez quelle douleur tient mon ame oppreffée
A voir de vos beaux yeux la lumiere éclypfée,
Vous feule fur mon cœur regnez abfolument,
Et ie n'ayme le iour que pour vous feulement.

SCENE X.

D. ALVAR, LEONOR, ISABELLE, IACINTE, GVZMAN.

ISABELLE.

Qve vois-ie, iuste Ciel?

D. ALVAR.

Enfin, ie vous adore,
Ma chere Leonor, respirez-vous encore?
D'vn coup d'œil pour le moins respondez à ma
voix.

ISABELLE.

Ne dissimule plus, traistre, ie te connois,
Ie vois les sentiments d'vne ame toute lasche,
Qui sous vn faux semblant se déguise & se cache.
C'est donc là ce beau feu dont tu t'osois vanter?
C'est là ce digne amour dont tu m'osois flatter?

D. ALVAR.

Madame...

ISABELLE.

Il me suffit, ne cherche point d'excuses,
D. Felix obtiendra ce cœur que tu refuses,
Il sera mon espoux, ie le hay, mais enfin
I'obeys pour te plaire à mon cruel destin,
Et pour me punir mieux d'auoir dit que ie t'ayme,
Ie ne veux me vanger de toy que sur moy-mesme.

D. ALVAR.

Ah, ne punissez pas auec tant de rigueur
Vn crime de ma langue & non pas de mon cœur.

Ne vous alarmez point d'vne si vaine flame
Que feignant de nourrir ie defauouë en l'ame;
De peur que D. Bertran par vn foupçon jaloux
N'ofe s'imaginer que ie brufle pour vous,
Exprés pour Leonor ie me feins l'ame atteinte.

ISABELLE.

Puifqu'il ne t'entéd point, à quoy bon cette feinte?
Va, tu n'es qu'vn ingrat.

D. ALVAR.

Quel malheur eft le mien?
N'écouterez-vous point...

ISABELLE.

Non, ie n'écoute rien,

D. ALVAR.

Ie ne vis que pour vous, feule ie vous adore,
Voftre amour fait ma ioye, en faut-il plus encore?
I'abhorre Leonor, & par de vains efforts....

LEONOR *fe leuant tout à coup.*

Traiftre, perfide...

GVZMAN.

A l'ayde, elle a le Diable au corps.

LEONOR.

Il faut te declarer, impofteur, il faut dire
Pour laquelle de nous ton lafche cœur foûpire,
Et pour elle, & pour moy, tu feins les mefmes feux,
L'aymes-tu? m'aymes-tu? qui trompes-tu des
deux?

ISABELLE.

Leue le mafque enfin, il faut cefler de feindre.

GVZMAN.

Trente Sergents en queuë il feroit moins à plain-
LEONOR.   (dre.
Parle donc, à laquelle as-tu donné ta foy?
Eft-ce à moy, dy parjure?

ISABELLE.

Infidelle, eft-ce à moy?

LEONOR.

Suis-is l'obiet d'amour?

ISABELLE.

Suis-ie celuy de haine?

GVZMAN.

Ie n'auois iamais veu iusqu'icy d'ame en peine,
I'en vois vne à present.

LEONOR.

Respons.

D. ALVAR.

I'ayme, ie dis,

LEONOR.

Tu cherches à fourber puisque tu t'interdis,
Mais pourquoy, si tu mets tous tes soins à luy
plaire,
Cette nuict dans ma chambre as-tu feint le con-
traire?
Pourquoy m'as-tu iuré pour t'en iustifier....

D. ALVAR.

Moy, que dans vostre chambre....

LEONOR.

Oses-tu le nier?

ISABELLE.

Tu l'aymes donc, perfide?

D. ALVAR.

Isabelle, de grace,
Daignez oüir...

LEONOR.

Pour moy tu n'es donc que de glace?

D. ALVAR.

Leonor.

GVZMAN.

Comment Diable en viendra-t'il à bout?

SCENE XI.

D. BERTRAN, D. ALVAR,
ISABELLE, LEONOR,
IACINTE, GVZMAN.

D. BERTRAN.

VOicy noſtre remede. Ah, vous eſtes debout,
Où vous tenoit ce mal, ſœur vn peu trop do-
       à Iſabelle.   (lente?
Mais vous auez la mine auſſi bien rechignante,
Qu'auriez-vous de nouueau?

ISABELLE.   N'en ayez point ſoucy.

D. BERTRAN monſtrant D. Aluar.
Et ce ioly garçon que faiſoit-il icy?

ISABELLE.
Ie ne puis vous le dire à moins que ie deuine,
C'eſtoit à mon deceu...

D. BERTRAN.
    Vous faites donc la fine.
Dormez tout voſtre ſaoul, ie ne partitay point
Que l'on ne m'ait appris le tout de point en point.

LEONOR.
Sans vous inquieter dés ce matin, mon frere,
Mariez-vous icy.

D. BERTRAN.
    Vous deuriez vous taire,
Ie ſuis & bon & ſage, & veux ce que ie veux,
Rentrez. *Il fait rentrer D. Aluar & Leonor chaſun*
dans ſa chambre, & en ſuite dit à Iſabelle en s'en allant.
Adieu, la belle.

IACINTE.   O l'eſtrange amoureux.

Fin du troiſiéme Acte.

ACTE

ACTE IV.

SCENE PREMIERE.

D. BERTRAN, D. GARCIE.

D. BERTRAN.

Ous n'auez rien oüy de tout ce grand
vacarme?

D. GARCIE.

Ie n'en ay rien oüy.

D. BERTRAN.

Ny crier à l'alarme?

D. GARCIE.

Non.

D. BERTRAN.

Si le feu de nuict prenoit à la maison
Vous vous laisseriez donc rostir comme vn oyson?
Toutefois pour auoir l'ame si sommeillante
Vous auez engendré fille bien peu dormante.

D. GARCIE.

Quoy, que s'est-il passé? ma fille....

D. BERTRAN.

Allons tout doux,
Nous auons tout loisir, & le iour est à nous.
Dites-moy, seriez-vous bien aise de m'entendre.

F

D. GARCIE.

I'y ſuis tout preparé, que m'allez-vous apprendre?

D. BERTRAN.

Ie m'en vay vous conter vn aſſez vilain cas ;
Mais oyez-vous bien clair quand vous ne dormez
    pas ?
Parleray-ie bien haut?

D. GARCIE.

La queſtion eſt grande!
Suis-ie ſourd pour me faire vne telle demande?

D. BERTRAN.

M'interromprez-vous point?

D. GARCIE.

A quoy bon?

D. BERTRAN.

Mon deſſein
Eſt de parler long-temps.

D. GARCIE.

Parlez iuſqu'à demain.

D. BERTRAN.

Poſément.   D. GARCIE.

Poſément.

D. BERTRAN.

Et vous ſçaurez vous taire?

D. GARCIE.

Tant que vous parlerez.

D. BERTRAN.

Eſcoutez donc, beau-pere.
Ie pretends eſtre noble, & non pas Dieu mercy
De ceux qui ſeulement le ſont *coſi , coſi*,
Ie chaſſe de plus loin, & ferois bien voir comme
L'ayeul de mon ayeul eſtoit tres Gentilhomme.
Quoy qu'yſſu de parents ſi nobles & ſi preux,
Et moy par conſequent encor plus noble qu'eux,
Ma façon de traiter eſt pourtant aſſez ronde,
Ie ſuis humble, ie fais eſtat de tout le monde,
Et bien loin d'imiter tant de ieunes muguets
Ie m'entretiendrois meſme auecque des laquais,

Aussi des bons, dit-on, D. Bertran est la cresme,
Il n'est dans le pays personne qui ne l'ayme,
Qui n'en dise du bien, & cela se connoit,
Chacun me rit au nez aussi-tost qu'il me voit.
Pour vaillant, ie le suis, ie creue de courage,
Ie chante comme vn cygne, à dancer ie fais rage,
Iusqu'à donner leçon à certain petit chien
Qui dance comme vn drôle, & qui ne m'en doit
    rien.
D'ailleurs ie me connois assez bien en peinture,
De cette propre main i'ay fait ma portraiture,
Et n'ay pas moins de grace à toucher le pinceau
Que d'esprit à tirer des vers de mon cerueau;
Car vous n'ignorez pas, sans que ie vous le die,
Que ie sçais en six iours faire vne Comedie,
Et que si le Theatre estoit estropié
I'ay desia trop dequoy le remettre sur pié.
Quant au fait du ménage où ie m'applique l'ame,
Ie sçay côme il faut viure, & n'en redoute femme.
I'ay pourtant le cœur bon, & ne pleure iamais
Ou la dépence faite, ou celle que ie fais.
Qu'vn parêt me soit mort, sans qu'on m'en sollicite,
I'en porte le grand dueil alors que i'en herite,
Ie m'en console ainsi mieux qu'à moy n'appartient,
Ie prends tousiours courage, & le temps comme il
    vient,
L'esprit fort & constant, sans me mettre en ceruelle
Ce que peut dire vn tel ou penser vne telle,
Ie fais nargue au babil, & qui plus est, ma foy,
Ie me mocque de ceux qui se mocquent de moy;
Pour ma taille, on ne peut la trouuer engoncée,
I'ay le pied bien tourné, la iambe bien troussée,
Le port majestueux, le visage assez doux,
Et la mine guerriere autant ou plus que vous.
Sans doute vous direz icy que ie me louë?
En cela vous direz verité, ie l'aduouë,
Ie me louë en effet, mais il est à propos,
Et pour conclurre enfin l'affaire en peu de mots,
            F ij

Las de viure toufiours fans femme noire ou blonde
Par qui pouuoir laiſſer des Dons Bertrans au môde,
Noble, vaillant, adroit, danceur, diſpos, leger,
Poëte, Muſicien, Peintre, bon ménager,
Et ſur tout, qui n'eſt pas choſe fort dégoûtante,
Ayant prés de ſept fois mille ducats de rente,
Ie viens pour faire honneur à Madame Yſabeau,
Et par vn bon contraſt me charger de ſa peau,
Sans en rien eſperer qu'alors que la mort fiere
Par grand bonheur pour moy vous clorra la pau-
        piere,
Ingez iuſqu'où pour vous ie me ſuis relaſché,
Et ſi ce n'eſt pas là me vendre à bon marché:
Et malgré cout cela, j'entre en chaud mal de fiévre,
Et trouue qu'on me donne vn chat au lieu d'vn

        D. GARCIE.   (liévre.
Auez-vous l'eſprit ſain?

        D. BERTRAN.
                Laiſſez-là mon eſprit,
Nous en diſputerons lors que j'auray tout dit.

        D. GARCIE.
Ie deurois bien pluſtoſt....

        D. BERTRAN.
                Vous auez l'humeur prompte,
Soyez de par le Diable attentif à mon conte,
Eſcoutez iuſqu'au bout, vous parlerez aprés.

    J'auois mandé, ie penſe, en termes fort exprés
Qu'Iſabelle s'en vint bien & deuëment maſquée,
Bien loin de m'obeïr elle s'en eſt mocquée,
Et partant de Madrid n'a mis ſur ſon minois
Pour me faire enrager qu'vn maſque de trois
        doigts.
Ce qui m'émeut la bile encore dauantage,
C'eſt que vous ayez fait ſans beſoin le voyage,
Peut-eſtre ſous l'eſpoir d'attraper vn repas;
Cependant en deux mots ie ne le voulois pas,
Et ie vous épargnois la peine de le faire
Par vn recepiſſé paſſé deuant Notaire.

Outre que voftre fille ayme trop le caquet,
Tout ce qu'elle m'a dit fent fon efprit coquet,
Sa tefte a des vapeurs qu'on a peine à rabatre,
Pour vn pied qu'on luy donne elle ofe en prendre
    quatre,
Elle eft prefque toufiours fur le raifonnement,
Et raifonnant raifonne irraifonnablement,
Force caiolerie & mots galants en bouche,
L'œil fouuët en câpagne, & l'accueil peu farouche;
I'ayme de cette humeur la femme d'vn voifin,
Mais ie veux que la mienne aille le grand chemin.
De plus vn D. Felix adroit de la prunelle
En dépit que i'en aye a toufiours l'œil fur elle.
Mefme i'ay cette nuiĉt efté fort alarmé
Trouuant mon beau coufin dans fa châbre enfermé;
Et j'y fuis, m'a-t'il dit, comme vn parent fidelle
Qui viens pour voftre honneur faire la fentinelle,
Et voir fi D. Felix oferoit s'y couler.

D. GARCIE.
Quoy, D. Felix de nuiĉt auroit pû luy parler?

D. BERTRAN.
Non-pas, mais toutefois c'eft chofe affez infame
Qu'vn mary corps pour corps n'ofe pleger fa fême,
Qu'il ait quelque fcrupule, & demeure en foupçon
Si de nuiĉt vn galand l'entretenoit ou non.
Enfin j'aymerois mieux la moindre païfanne,
Il faut à voftre fille homme qui porte canne,
Allez en quefter vn, j'en fuis fort fatisfait,
Nourriture de Cour n'eft point du tout mon fait,
Vous le fçauez fort bien en voftre confcience.
Payons donc, s'il vous plaift, par moitié la dé-
    pence,
Tirons chacun du noftre au fortir de ce lieu,
Toute promeffe nulle, & bons amys, Adieu,
Ie n'ay plus d'appetit touchant le mariage.

D. GARCIE.
On m'auoit bien dit vray, que vous n'eftiez pas
    fage,

Que fouuent vous auiez le cerueau démonté,
Mais ie ne croyois pas que vous l'euffiez gaſté.
Sçauez-vous qui ie fuis?

D. BERTRAN.

Vous eſtes D. Garcie,

Que ie fouhaiterois n'auoir veu de ma vie.

D. GARCIE.

Il faut chanter pourtant deſſus vn autre ton.

D. BERTRAN.

Criez, iurez, peſtez, ſi vous le trouuez bon,
Pour moy, ſi i'en démords ie veux bien qu'on m'é-
    trille,
Rendez-moy ma quitance & prenez voſtre fille.

D. GARCIE tirant l'eſpée.

Ma foy, vous parlerez ainſi que ie l'entends.

D. BERTRAN.

A d'autres, rengainez, i'ay plus de ſoixante ans,
Ie ne ſuis plus d'vne âge à tenter l'enfilade,
Et ſi ie porte vn fer, ce n'eſt que par parade.

D. GARCIE.

Ne croyez pas ainſi parer en reculant.

D. BERTRAN.

O de tous les vieillards le plus ſanguinolent!

D. GARCIE.

Vous marchandez en vain.

D. BERTRAN.

Si ie fuy ma cholere...

Mais tant s'eſtomaquer n'eſt pas fort neceſſaire.
Voyez-vous, ie fuis bon, & d'vn mot de douceur
On m'arracheroit l'ame, on me fendroit le cœur,
I'accorde & me ſoûmets d'épouſer Iſabelle,
Mais à condition ſeulement....

D. GARCIE.　　Et bien, quelle?

D. BERTRAN.

Que ſi ce D. Felix venu pour elle exprés
Oſe l'enuiſager ou de loin ou de prés...

D. GARCIE.

Et quoy, ce D. Felix vous tient-il à la teſte?

Croyez-vous . . . .

D. BERTRAN.

Croyez-vous que ie fois vne beſte,
Et ne connoiſſe pas clairement aujourd'huy
Que ſans comparaiſon ie vaux bien mieux que
    luy?
Mais auſſi bien que moy vous auez oüy dire
Que fille qui choiſit bien ſouuent prend le pire.
Si donc ie m'apperçois & vous fais voir enfin
Qu'Iſabelle ait pour moy le cœur traiſtre & ma-
    lin,
Vous me rendrez ſoudain, ſans ſommations nulles,
Ce qu'il m'a pû coûter en loüage de mules,
Ce que i'ay débourſe pour le carroſſe auſſi,
Et ce que depuis hier i'ay fait de frais icy;
Car à moins franchement qu'Iſabelle ſoit noſtre
Ie ſerois vn grand ſot de payer pour vn autre.

Guzman entre.

D. GARCIE.

Voſtre demande eſt iuſte, & i'y dois conſentir.

D. BERTRAN.

Allez donc diſpoſer tout le monde à partir.

SCENE II.

D. BERTRAN, GVZMAN.

D. BERTRAN.

Gvzman.

GVZMAN.

Et bien enfin, auez-vous voſtre conte?
Eſt-ce fait?

D. BERTRAN.

Tu me vois auec ma courte honte;

Noſtre marché tiendra.

GVZMAN.

Quoy, tout n'eſt pas rompu?

D. BERTRAN.

En vain pour m en tirer i'ay fait ce que i'ay pû,
Ce Diable de beau-pere eſt trop opiniaſtre.

GVZMAN.

Ces vieillards ſont touſiours d'humeur acariaſtre.

D. BERTRAN.

Au profit de ſa fille ; il a fort peu de bien,
Elle empire d'attendre, & ie la prends pour rien,
La garde d'vn tel meuble à la fin peut déplaire.

GVZMAN.

Ce n'eſt pas d'auiourd'huy qu'il cherche à s'en
défaire,
Mais le monde à Madrid eſt plus fûté qu'icy.

D. BERTRAN.

Comment, ie ſuis donc pris pour dupe?

GVZMAN.

Ouy Dieu mercy,
Vous allez bien toſt eſtre vn mary d importance.

D. BERTRAN.

Ah, que ſi ie pouuois rattraper ma quitance!
Mais noſtre eſpouſe encor, qu'a-t'elle!

GVZMAN.

Vn grand defaut.

D. BERTRAN.

Quel?

GVZMAN.

Il n'importe.

D. BERTRAN.

Dy.

GVZMAN.

Ie n'oſe.

D. BERTRAN.

Acheue toſt.

GVZMAN.

Mais...

D. BERTRAN.

Si tu ne le dis ie ioüeray de la dague.

GVZMAN.

Vous le voulez fçauoir?

D. BERTRAN.

Ouy, parle.

GVZMAN.

Elle extrauague.

D. BERTRAN.

Elle?

GVZMAN.

Elle.

D. BERTRAN.

Ce n'eſt donc qu'en de certains momens?

GVZMAN.

Elle a l'eſprit gâté d'auoir leu des Romans,
Et croit qu'eſtât vn iour d'vn Taureau pourſuiuie
Sans certain Cheualier elle euſt perdu la vie.
Elle l'ayme en idée, & quoy que ſon eſpoux,
Ce chimerique amant l'emportera ſur vous:
Elle carreſſe ainſi tantoſt l'vn, tantoſt l'autre,
Croyant....

D. BERTRAN.

Dans ſa folie il iroit bien du noſtre.
Auſſi hier à l'abord il m'eſtoit fort nouueau
Que mon couſin luy fiſt vn conte de Taureau.

GVZMAN.

Il auoit dés Madrid appris ſa maladie.
La fit-il bien iaſer?

D. BERTRAN.

Iaſer? comme vne pie,
Tant de raiſon en l'air de cecy, de cela,
Qu'enfin ie crûs deuoir y mettre le hola.
Ie ſuis bien à mon aiſe auec mon mariage.

GVZMAN.

Quoy, vous l'épouſeriez? vous, Monſieur?

D. BERTRAN.

I'en enrage.

Mais D. Garcie....

GVZMAN.

Et bien? se veut-il mutiner?

D. BERTRAN.

C'est vn vieillard cholere, & iusqu'à dégainer.

GVZMAN.

Dégainez.

D. BERTRAN.

Au besoin tu manques de prudence.

S'il faut que ie le tuë ?

GVZMAN.

Il sera mort, ie pense.

D. BERTRAN.

En suite d'vn combat où i'auray tout risqué,

Si mon bien se confisque?

GVZMAN.

Il sera confisqué.

D. BERTRAN.

Toy-mesme en cas pareil te voudrois-tu bien

batre?

GVZMAN *mettant l'épée à la main.*

Ah ventre, Ah teste, Ah sang.

D. BERTRAN.

Tu fais le Diable à quatre!

GVZMAN.

Qui viue? Par la mort, vous en auez menty.

D. BERTRAN.

Guzman a du courage ?

GVZMAN.

Il est déia party,

Et ie tiens comme vous que de flamberge nuë

La vision est laide, & blesse fort la veuë.

S'il m'en falloit tâter, ie pourrois filer doux,

Et ie ne me battrois, ma foy, non plus que vous.

D. BERTRAN.   (res.

L'õ y peut beaucoup perdre,& l'on n'y gagne gue-

GVZMAN.

Si le ieu vous déplaist, songez à vos affaires.

D. BERTRAN.
Pourquoy?

GVZMAN.
Ce D. Felix eſt vn meſchant garçon,
Et veut faire auec vous le coup d'eſtramaçon,
Comme offencé, dit-il, ſans raiſon raiſonnable.

D. BERTRAN.
Ces eſprits de Madrid ſont prompts comme le
Diable.

GVZMAN.
C'eſt vn lancier bien rude à qui s'oſe y ioüer.

D. BERTRAN.
Que ne ſuis-je à Tolede! il faut l'amadoüer,
Car tentant le hazard, ſur quoy que ie me fonde,
Il me faudroit quitter le pays ou le monde,
Et ie me trouue bien ma foy dans tous les deux.
Mais Diable, le voicy ce redoutable preux,
Ah, pauure D. Bertran!

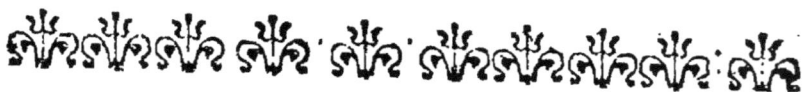

SCENE III.

D. BERTRAN, D. FELIX, GVZMAN.

D. FELIX.
I'Ay deux mots à vous dire.

D. BERTRAN.
Dites.

D. FELIX *monſtrant Guzman.*
Mais en ſecret, faites qu'il ſe retire.

D. BERTRAN.
Quiconque marche droit, ſans fraude, & comme il
faut,

Ne fait rien en cachette, & parle tousiours haut.
Quant à moy, ie ne crains nullement qu'on m'entende.

D. FELIX.

Certes auecque vous la courtoisie est grande,
Que vous ne vueilliez-pas éloigner vn valet.

D. BERTRAN.

Hier quand ie vous parlay, ie parlay haut & net,
Ie ne demande rien que ie ne vueille faire,
Et vous pouuez choisir de parler ou vous taire.

D. FELIX.

I'ay tousiours grand sujet de me loüer de vous.

D. BERTRAN.

Il est vray, ie veux bien l'aduoüer entre-nous.
Hier transporté d'amour i'eus l'ame vn peu hau-
taine,
Vous n'eustes pas de moy satisfaction pleine,
Ie fis trop peu d'estat de vostre compliment,
Vous vouliez m'honorer fort amiablement,
Venir iusqu'à Tolede auec toute la bande,
Et c'estoit-là me faire vne grace fort grande,
Ie deuois l'accepter, ie l'aduoüe à ce coup,
Car vous estes braue homme, & vous valez beau-
coup,
Gracieux, obligeant ; de plus, ie considere
Que vous estiez amy de feu Monsieur mon pere,
Ainsi par ces raisons pour refaire la paix
Vous serez de ma nopce & ie vous le promets,
Prenez place au carrosse auprés de l'espousée,
Et pour rendre entre-nous cette paix plus aisée
I'auray deux violons pour nous faire danser :
Vous estes mon amy plus qu'on ne peut penser,
Et pour l'amour de vous ie me mettrois en pieces.

D. FELIX.

Ce n'est pas là . . . .

D. BERTRAN.

Combien auez-vous de maistresses?
Ie vous trouue bien fait, vous auez l'œil mignon,
                                              Et

Et la mine ſur tout d'eſtre bon compagnon.

D. FELIX.
Enfin venons de grace au point que ie deſire.

D. BERTRAN.
Quoy, vous auriez encor quelque choſe à me dire?

D. FELIX.
Ouy, de fort important, i'auray fait en deux mots.

D. BERTRAN.
Vous ne me direz rien que de fort à propos?

D FELIX.
Vous m'en remercierez.

D. BERTRAN.
     Parlez donc, car ie penſe
Que ie ſuis en humeur de donner audience.

D. FELIX.
Ie meurs pour Iſabelle, & cet objet vainqueur
Malgré ma reſiſtance a captiué mon cœur,
Ie l'adore.

D. BERTRAN.
   Tant pis ſi vous n'eſtes en grace.
Depuis combien de temps luy donnez-vous la
chaſſe?

D. FELIX.
Depuis vn an ou deux.

D. BERTRAN.
     C'eſt bien s'eſtre aueuglé
De ſouffrir ſi long-temps ſon eſprit déreglé,
Car vous en aurez veu quelques extrauagances?

D. FELIX.
L'amour ſe fortifie au milieu des ſouffrances,
I'ay languy ſans murmure, & touſiours eſperé
Qu'en fin ie pourrois voir ſon eſprit moderé,
Le temps diſſipe encor de plus ſombres niiages.

D. BERTRAN.
D'vne amour reciproque auez-vous quelques gages?

D. FELIX.
I'ay pouſſé iuſqu'icy mille ſoûpirs en vain,

G

Mais se voyant reduite à vous donner la main,
Auec moy cette nuict elle s'est declarée,
I'ay receu de sa flame vne preuue asseurée,
Vn oüy de sa bouche aprés tant de mépris
De ma constance en fin se trouue estre le prix.

D. BERTRAN.

Quoy, vous ayant tousiours fait mine peu ciuile
Cette nuict seulement elle a changé de style?

D. FELIX.

Et n'est-ce pas assez?

D. BERTRAN *à Guzman.*

       Ie gagerois ma peau
Qu'elle a crû lors parler à l'homme à son Taureau,
Et que sa vision luy tenoit à la teste.
Mais passons outre, enfin quelle est voftre re-
queste?

D. FELIX.

Que sçachant qu'elle m'ayme, & ne vous ayme
    point,
Vous ne separiez pas ce qui semble estre joint,
Et sans plus la contraindre à ce qu'elle appre-
hende....

D. BERTRAN.

Ah, si ie la contrains, ie veux que l'on me pende,
Mais aussi, si ie fais ce coup d'amy pour vous,
Vous satisferez l'hoste & vous payerez pour tous,
Ie fis hier par amour dépence assez complete,
Et ie vous y transporte & mon droit & la debte.

D. FELIX.

I'accepte l'vn & l'autre.

D. BERTRAN.

      A la bonne heure, soit.
Mais auecque ma sœur la voicy qui paroit,
Ie veux tout maintenant vous en faire remise.

SCENE IV.

D. BERTRAN, D. FELIX, ISABELLE, LEONOR, IACINTE, GVZMAN.

LEONOR.

L'Heure de déloger, mon frere, est-elle prise?
Le cocher est tout prest, & l'on n'attend que vous.

D. BERTRAN.

Ouy bien tost. Approchez, belle Nymphe aux yeux
doux,
Donnez-moy vostre main.

ISABELLE.

Que pretendez-vous faire?

D. BERTRAN.

Touchez là.

*Il veut obliger Isabelle de toucher dans la
main de D. Felix.*

IABELLE.

Moy?

D. BERTRAN.

Vous, viste, & sans plus de mystere.
D. Felix vous en conte, il est de vous chery,
Ie vous fais son épouse, & luy vostre mary,
Ie ne veux conuoiteux iamais du bien d'vn autre.

ISABELLE.

Pouuez-vous me donner si ie ne suis pas vostre?

D. BERTRAN.

Sçachez qu'onques à vous n'appartint tel honneur.

D. FELIX *à Isabelle.*

Puisqu'enfin mon riual consent à mon bonheur,

G ij

I'ose vous demander l'effet de vos promeſſes.

ISABELLE.

Que vous ay-je promis?

D.   BERTRAN.

Mettons bas les fineſſes,
L'on ſçait ce que l'on ſçait, & .. mais ie ne dis mot,
Si plus on m'y retient ie veux paſſer pour ſot.

D. FELIX.

Madame , à quel deſſein voulez-vous icy feindre?
D. Bertran vous cedant vous n'auez rié a craindre.

ISABELLE.

Quel droit peut-il auoir de me donner à vous?

D. FELIX.

Me faut-il vn tel droit pour eſtre voſtre époux,
Et n'en ay-je pas ....

ISABELLE.

Quoy?

D. FELIX.

Déja receu parole.

ISABELLE.

De qui? quand?

D. FELIX.

Cette nuiċt, de vous.

GVZMAN à *Iacinte.*

La piece eſt drole.

ISABELLE.

Moy, ie vous ay parlé de toute cette nuiċt?

D. FELIX.

Ouy, Madame, & prié de me couler ſans bruit
Quand vne voix ſoudain m'a fait quiter la place.

ISABELLE.

Vous faites bien vn conte, & de fort bonne grace.

D. FELIX.

Quoy , vous ne m'auez pas demandé du ſecours
Contre vn Hymen fatal au bonheur de vos iours,
Iuré que voſtre amour ſeroit ma recompenſe?

ISABELLE.

Sans doute vous reſvez.

D. BERTRAN.

Perd-elle contenance?
Vous entretenez donc de nuict le Caualier,
Et dedans voftre chambre ofer vous épier,
C'eft faire haute iniure à voftre preud'hommie.

ISABELLE.

Quoy, peut-on me traiter auec plus d'infamie?
Si i'ay veu de bon œil D. Aluar ce matin,
Apprenez que fans vous....

D. BERTRAN.

C'eft vn braue coufin,
Il veille à mon honneur comme ie le fouhaite.

LEONOR.

Ces foins de voftre hôneur ne font qu'vne défaite,
Car dans fa chambre enfin D. Aluar n'eft entré....

D. BERTRAN.

Ie fçay fi c'eft par rufe, ou de force, ou de gré,
Taifez-vous.

LEONOR.

Dois-je pas....

D. BERTRAN.

Vous eftes forte en gueule,
Voftre langue a paffé de nouueau fous la meule,
Elle eft bien afilée.

LEONOR.

Ah, ie ne puis fouffrir
Qu'vn traiftre....

D. BERTRAN.

Iufqu'à quand voulez-vous difcourir?

LEONOR.

Ay-je tort de tâcher....

D. BERTRAN.

Diable, que de paroles!
Enfin ie vous mettray dehors par les épaules.

LEONOR.

Quand pour vous détrôper, ie fais ce que ie puis....

D. BERTRAN *la pouffant rudement.*

C'en eft trop, allez voir là dehors fi i'y fuis,

G iij

ISABELLE.

Quelle brutalité!

IACINTE.

C'eſt vn fou perſonnage.

SCENE V.

D. BERTRAN, D. FELIX, ISABELLE, IACINTE, GVZMAN.

D. BERTRAN.

OR ſus, nos deux amants, ſans tarder dauantage,
Parlez, ie iugeray de voſtre different.

ISABELLE.

Ie le tiens tout iugé.

D. FELIX.

Quoy, mon riual ſe rend,
Quoy, i'auray meſme appris de voſtre propre bou-
che
Que ſon feu vous déplaiſt, que mon amour vous
touche,
Et tout cela, Madame, à ma confuſion?

D. BERTRAN à D. Felix.

Vous ay-je pas bien dit que c'eſtoit viſion,
Qu'elle croyoit parler à ſon galand d'Idée?
Cherchez fortune ailleurs, l'affaire en eſt vuidée.

D. FELIX.

Aprés m'auoir promis cette nuiſt d'eſtre à moy,
L'ingrate s'en dédire, & me manquer de foy!

ISABELLE.

Ie n'examine point icy par quelle adreſſe
Vous voulez m'imputer vne fauſſe promeſſe,

Mais sçachez que iamais ie ne vous promis rien,
Que ie n'ay point de nuict souffert vostre entre-
tien,
Et que loin de me rendre à vos vœux plus sensible
I'eus pour vous de tout temps vne hayne inuin-
cible;
Ne vous flattez donc plus, & tenez pour certain
Que vous n'auiez iamais ny mõ cœur ny ma main.

GVZMAN à *Iacinte.*

C'est bien là pour luy faire épanoüir la rate.

D. FELIX.

Ah, c'est trop s'expofer aux mépris d'vne ingrate,
Quittons ces tristes lieux, & ne balançons plus.

SCENE VI.

D. BERTRAN, ISABELLE, IACINTE, GVZMAN.

D. BERTRAN.

A Bien & iustement raisonner là dessus,
Vous m'aymez mieux que luy?

ISABELLE.

l'obeïs à mon pere.

D. BERTRAN.

Mais certain Caualier ne vous sçauroit déplaire?

ISABELLE.

Quel?   D. BERTRAN.

Celuy du Taureau ; feinte à part, vous l'aymez?

GVZMAN à D. *Bertran.*

Voyez comme ce mot rend ses sens tous charmez.

IACINTE.

Puisqu'il sçait l'aduanture aduoüez tout, Madame.

ISABELLE *à D. Bertran.*

Son merite, il est vray, peut beaucoup sur mon
    ame,
Et ie puis bien donner vne place en mon cœur
A qui ie dois la vie & peut estre l'honneur.

D. BERTRAN *soûriant à Guzman,*
Guzman.

GVZMAN.

Oyez, Monsieur, & bien, luy say-ie dire?
Flattez son fol amour, vous la ferez bien rire.

D. BERTRAN *à Isabelle.*

Aymez ce beau galand, ie n'en suis point jaloux.

ISABELLE.

Cet amour sera vain s'il n'est pas mon espoux.

D. BERTRAN.

Ie consens qu'il le soit, & luy cede ma place.

ISABELLE.

Ie n'ose encor songer à vous en rendre grace,
Et crains que mon bonheur ne soit mal affermy.

D. BERTRAN.

Non, j'y consens, vous dis-ie, & seray son amy,
Mais à condition qu'il se rendra visible.

ISABELLE.

Il n'est pas malaisé.

D. BERTRAN.

Si la chose est possible
Faites que ie le voye.

à Guzman.

Elle en tient.

GVZMAN.

Et beaucoup,
Laissez-la resver seule, il suffit pour ce coup.

D. BERTRAN.

Adieu iusqu'au reuoir, la belle aduenturiere.

SCENE VII.

ISABELLE, IACINTE, GVZMAN.

ISABELLE.

LE Ciel a-t'il enfin exaucé ma priere?
D'où luy vient cette humeur?

GVZMAN.

Reposez-vous fur moy,
Quoy que ie luy debite il me croit fur ma foy,
Ie fçauray l'amener au point que ie fouhaite.

IACINTE.

C'eft donc par toy qu'il fçait...

GVZMAN.

N'en fois point inquiete;
Mais il faut le reioindre & ne le quitter point.
Sans nommer D. Aluar, tenez ferme en ce point
D'aymer vn Caualier qui vous fauua la vie,
Vous en verrez l'effet refpondre à voftre enuie.

Guzman rentre.

IACINTE.

S'il tient ce qu'il promet vos defirs font contens.

ISABELLE.

Ie n'en fçay qu'efperer, mais fans perdre de temps,
Va trouuer D. Felix, & prenant ma querelle
Fay-luy voir qu'il m'accufe à tort d'eftre infidelle,
Qu'à Leonor fur luy ie cede tous mes droits,
Et qu'il m'a cette nuiſt mal connuë à la voix.

Fin du quatriéme Aſte.

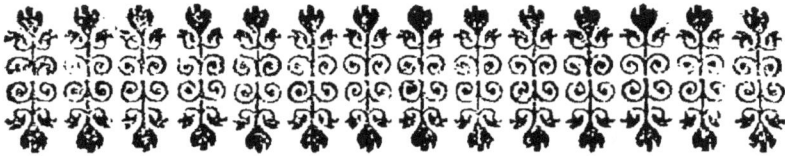

ACTE V.

SCENE PREMIERE.

D. ALVAR, GVZMAN.

D. ALVAR.

V l'as-tu donc laissé?

GVZMAN.

Seul auec sa folie,
Dans sa chambre enfermé, non sans
melancholie.
Il a comme la mer son flux & son reflux,
Tantost il en veut bien, tantost il n'en veut plus.

D. ALVAR.

Ce beau-pere obstiné le tient bien en ceruelle?

GVZMAN.

Si pour le satisfaire il espouse Isabelle,
Il craint ce dont à peine on eschape en ce cas,
Il craint d'estre batu s'il ne l'espouse pas,
Et préuoit de tous sens si maligne influence
Que contre son estoile il peste d'importance.
Ie l'ay pourtant contraint enfin de faire choix.

D. ALVAR.

Et c'est?

GVZMAN.

De se laisser assommer mille fois
Plustost que passer outre à la ceremonie.

D. ALVAR.

Tu me donnes, Guzman, vne ioye infinie.

GVZMAN.

Si ie n'euffe bien fçeu l'empaumer à propos,
Vous en teniez pourtant, il euft dit les fins mots,
Mais encor que chacun cherche qui luy reffemble,
Il croit qu'elle eftant folle, ils feroient mal enfem-
ble,
Sur ma parole feule il change de deffein.

D. ALVAR.

Auffi croy....

GVZMAN.

De cela nous parlerons demain,
Venons à ce qui preffe. Enfin, voftre Ifabelle?

D. ALVAR.

Ah, Guzman, ie l'adore.

GVZMAN.

Eftes-vous aymé d'elle?

D. ALVAR.

Affez pour auoir lieu de croire que fon cœur
Eft le prix du beau feu dont ie reffens l'ardeur.

GVZMAN.

Vous l'auez détrompée, & voftre paix eft faite?

D. ALVAR.

Leonor cette nuict l'a tenuë inquiete,
Mais elle a trop connu par quel adroit détour
Pendant fa pàmoifon ie feignois de l'amour,
I'ay diffipé fans peine vn fi leger nuage.

GVZMAN.

C'eft en quoy D. Bertran m'eftonne dauantage,
Il n'en foupçonne rien.

D. ALVAR.

Loin de s'en deffier,
Croyant que tout à bon i'ay voulu l'épier,
Et que cette action me la rend trop feuere,
Il a pris foin pour moy d'appaifer fa cholere,
Nous a fait embraffer, & promettre tous deux
Que iamais....

SCENE II.

D. ALVAR, IACINTE, GVZMAN.

D. ALVAR.

AH, Iacinte, & bien feray-ie heureux ?
Sçais-tu quels fentiments a pour moy D. Garcie?

IACINTE.

Bien moindres qu'il n'auroit s'il fuiuoit noftre
enuie,
Ma maiftreffe a parlé de vous adroitement
Sans luy faire paroiftre aucun engagement
Ny d'obligation ny de reconnoiffance ;
Mais fon auare humeur emporte la balance,
Et de la vertu feule il fait fort peu d'eftat
A moins que la fortune en fouftienne l'éclat.
Ainfi la voftre en vain vous rend confiderable,
D. Bertran riche & fou luy femble preferable.

D. ALVAR.

N'importe, le temps preffe, il faut fe declarer,
Ce que i'ay fait pour luy me permet d'efperer,
Peut-eftre qu'à mes vœux il fera moins contraire
Sçachant que c'eft par moy qu'il fe voit encor pere.
Suiuons noftre deffein au peril du refus.

IACINTE.

Allez voir Ifabelle vn moment là deffus,
Vous refoudrez de tout plus ayfément enfemble.

SCENE

SCENE III.

GVZMAN, IACINTE.

IACINTE.

ET bien, Guzman?
GVZMAN.
Et bien, Iacinte?
IACINTE.
Que t'en semble?
GVZMAN.
Le bien-heureux à qui ta maistresse sera!
On s'y presse, on s'y tuë, & c'est à qui l'aura.
IACINTE.
D. Aluar seul pourtant en poursuit la conqueste,
Car D. Bertran voudroit s'estre fait moins de feste,
Et quant à D. Felix nostre passionné,
Ie luy viens de porter son congé tout signé.
GVZMAN.
Tu l'as tiré d'erreur?
IACINTE.
Cette seule croyance
Qu'Isabelle eust de nuict flatté son esperance,
Le faisoit obstiner ; mais son valet sans moy
En eust payé l'amende, & tout du long.
GVZMAN.
Pourquoy?
IACINTE.
De D. Felix son maistre il eut hier charge expresse
De voir dãs quelle chãbre entreroit ma maistresse,
Esperant cette nuict luy parler sans témoin,
L'estourdy cependant en prit si peu de soin
H

Que dans l'obſcurité prenant l'vne pour l'autre
Il cauſa ce deſordre arriué dans la noſtre.

GVZMAN.

De ſorte qu'en effet il ignoroit encor
Qu'ainſi pour Iſabelle il euſt pris Leonor,
Qui d'ailleurs attendant D. Felix à meſme heure
Dans cette meſme erreur iuſqu'à preſent demeure?

IACINTE.

Elle eſt à mon aduis plus à plaindre que tous
D'aymer... mais ie l'entends, ce me ſemble, à ſa
   toux,
De peur d'eſtre ſurpriſe, Adieu, ie me retire.

GVZMAN.

Elle diſoit bien vray, la voila qui ſoûpire.

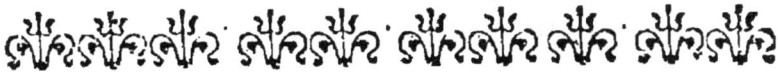

SCENE IV.

LEONOR, GVZMAN.

LEONOR.

Gvzman, que i'ay dãs l'ame vn déplaiſir profõd!
On rit....

GVZMAN.

    Et bien, riez comme les autres font,
C'eſt contre le chagrin vn ſouuerain remede.

LEONOR.

Si l'on rit, c'eſt du feu dont l'ardeur me poſſede,
Et pour te découurir le ſecret de mon cœur
Le traiſtre D. Aluar ſe rit de ma langueur ;
Mais, Guzman, tire moy de mon inquietude,
Qui le peut obliger à cette ingratitude,
Car tu ſçais iuſqu'icy qu'il m'a voulu du bien ?

GVZMAN.

A vous dire le vray, ma foy, ie n'en ſçay rien.

LEONOR.

Toy qui m'as tant de fois découuert sa pensée
Quand de quelque soupçon i'auois l'ame blessée,
Tu ne me répons rien aujourd'huy là dessus.

GVZMAN.

Ie la sçauois alors ; mais ie ne la sçay plus.

LEONOR.

Il se cache de toy?

GVZMAN.

Bien plus qu'à l'ordinaire.

LEONOR.

Mais cette nuict encor, ce qui me desespere,
L'ingrat s'est daigné rendre à l'assignation,
M'a fait vn entretien remply de passion,
Cependant aujourd'huy, pour me couurir de hôte,
Il veut faire passer tout cela pour vn conte,
Il dit qu'il n'en est rien.

GVZMAN.

C'est fort mal fait à luy?

LEONOR.

Cet outrage cruel redouble mon ennuy,
Car pourquoy dénier vn point si veritable?

GVZMAN.

Tout vilain cas, dit-on, fut tousiours reniable,
Mais vous parler de nuict n'est point vn vilain cas.

LEONOR.

Isabelle sans doute a pour luy trop d'appas,
Et moy... mais D. Felix à grands pas se proméne.

GVZMAN.

Ie cours à D. Aluar témoigner vostre peine,
Et si l'on m'en veut croire, allez, tout ira bien.

LEONOR.

Parle de ton costé, ie vay parler du mien.

H ij

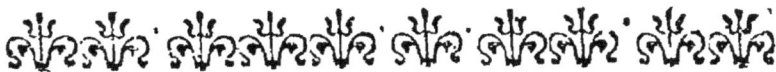

SCENE V.

D. FELIX, LEONOR.

LEONOR.

Vous reſvez, ie m'aſſeure, aux mépris d'Iſabelle.

D. FELIX.

Que me peut deſormais toucher cette infidelle!

LEONOR.

Vous partez, m'a-t'on dit?

D. FELIX.

Ouy, ie m'éloigne enfin,
Et vay l'abandonner à ſon laſche deſtin.

LEONOR.

Ah, vous ne ſçauez pas encor ce qui ſe paſſe,
Ce n'eſt qu'à D. Aluar que vous cedez la place,
A l'amour de ce traiſtre Iſabelle ſe rend.

D. FELIX.

D. Bertran, D. Aluar, tout m'eſt indifferent,
Et mon depart bien-toſt luy va faire connoiſtre
Qu'elle eſt en liberté de ſe choiſir vn maiſtre,
C'eſt par le mépris ſeul qu'on vange le mépris.

LEONOR.

Ah, de grace, changez vn deſſein trop toſt pris,
Differez ce depart, vous m'eſtes neceſſaire.

D. FELIX.

Ne pouuant rien pour moy, pour vous que puis-ie
faire?

LEONOR.

Du traiſtre D. Aluar empeſcher le projet.
De ſes feux Iſabelle eſt le plus cher objet,
Et ie ne doute point que par voſtre preſence
Vous ne rompiez le cours de leur intelligence.

D. FELIX.
Vous l'aymez?

LEONOR.
Ie l'adore, & l'ingrat me trahit.

D. FELIX.
Mais dans vn rendez-vous, à ce que l'on m'a dit,
Sa flame cette nuiĉt pour vous s'eſt fait paroiſtre?

LEONOR.
C'eſt ce qui me confond, il le veut méconnoiſtre.

D. FELIX.
En quel aueuglement ay-ie eſté iuſqu'icy !
Tu m'as dit vray, Iacinte, & i'en ſuis éclaircy.

LEONOR.
Que dites-vous?

D. FELIX.
Souffrez d'eſtre deſabuſée
D'vne erreur que la nuiĉt entre nous a cauſée,
Dedans l'obſcurité d'amour préoccupez
Nous nous ſommes tous deux également trompez
Vous touchant D. Aluar, moy touchant Iſabelle.
Vous me preniez pour luy , ie vous prenois pour
elle.

LEONOR.
Quoy, ie vous ay parlé cette nuiĉt?

Icy D. Bertran paroiſt qui les écoute.

D. FELIX.
Ouy, c'eſt moy
Qui cette meſme nuiĉt vous ay promis ma foy,
Et me ſuis engagé de tout mettre en pratique
Pour vous ſouſtraire au joug d'vn pouuoir tyran-
nique,
Abuſer D. Bertran , vous tirer de ſes mains,
Et faire reüſſir de plus iuſtes deſſeins ;
Mais i'ay crû qu'en effet....

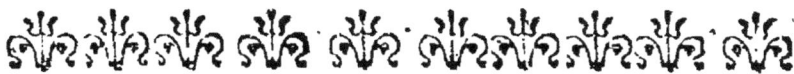

SCENE VI.

D. BERTRAN, D. FELIX,
LEONOR, GVZMAN.

D. BERTRAN.

AH, ma sœur la mutine,
Vous traitez donc ainsi l'amour à la sourdine,
Teste a teste de nuict, & vous faites complot
De mettre voile au vent tous deux sans dire mot?

LEONOR.

Si vous auez oüy….

D. BERTRAN.
Taisez-vous, ie vous prie.
Dōcques vous romprez tout si l'on ne vous marie?

LEONOR.

C'est à tort…

D. BERTRAN.
Taisez-vous, vous dis-ie, & point de bruit,
Vous serez mariée à qui vous en poursuit.

D. FELIX.

Quant à moy…

D. BERTRAN.
Quant à vous, n'ayons point de querelle,
Elle vous amourache, aussi faites-vous elle,
Vous en voulez par là, j'en suis tres fort joyeux;
Mais vous l'épouserez ma foy pour ses beaux yeux.
Prenez, ie vous la liure, elle est & belle & droite,
N'a nuls defauts cachez, ne cloche, ny ne boite,
C'est cōme il vous la faut, vous serez bien cōjoints.

D. FELIX.

Me voicy marié quand i'y pensois le moins.

Mais encor, parmy, vous de grace eſt-ce la mode
De ſe deffaire ainſi d'vne ſœur incommode,
Sans aduance, ſans dot?

D. BERTRAN.

Non, mais quoy qu'il en ſoit,
C'eſt ſa faute & la voſtre, & qui la fait la boit.
Vous en voulez tâter encor qu'il m'en déplaiſe,
D'accord, ouy, paſſez en voſtre enuie à voſtre aiſe,
Mais que ie donne rien ou contribuë aux frais....

LEONOR.

Ceſſez de vous....

SCENE VII.

D. BERTRAN, D. FELIX, LEONOR, GVZMAN, MENDOCE.

MENDOCE à D. *Felix.*

Monſieur, les cheuaux ſont tous preſſ.

D. FELIX.

Allons, Mendoce, allons. Vous ſuiurez en carroſſe,
Ie m'en vais preparer le feſtin de la nopce,
Ie vous attends demain à Madrid pour diſner.

D. BERTRAN.

Laiſſer ainſi ma ſœur!

D. FELIX.

Vous pourrez l'amener,
Ou comme ſous vos loix ſa volonté ſe range,
L'enuoyer par amis, ou par lettres de change.

Il s'eloigne comme pour s'en aller.

D. BERTRAN

LEONOR.

Vous vous faites berner.

D. BERTRAN *tirant l'eſpée.*

Ie m'en apperçois bien,

Mais ie l'eſtropieray.

GVZMAN *l'arreſtant.*

Monſieur, n'en faites rien,

D. BERTRAN.

Il faut . . . .

D. FELIX *reuenant.*

L'épée en main, & Guzman vous arreſte !

D. BERTRAN.

C'eſt que ie luy fais voir que ma lame eſt mal nette,

Et que c'eſt vn maraut que pour ſon peu de ſoin
l'aurois eſtropié s'il en eſtoit beſoin.

D. FELIX.

Ie craignois autre choſe, Adieu.

SCENE VIII.

D. BERTRAN, LEONOR,
GVZMAN.

GVZMAN.

Voſtre cholere,

Elle eſt paſſée enfin?

D. BERTRAN.

Ma foy , c'eſt ſon affaire,

Qu'elle y ſoigne.

LEONOR.

Mais quoy? D. Felix tout exprés....

D. BERTRAN.

Si le cœur vous en dit, ma sœur, courez aprés,
Ie ne m'en mesle plus, c'est vn point de chicane,
Et d'ailleurs, s'il n'a soif fera-t'on boire vn asne?

LEONOR.

Ie suis bien malheureuse au moins si ie ne puis
Vous obliger d'oüir l'excez de mes ennuis.
Souffrez-moy seulemēt de parler vn quart d'heure.

SCENE IX.

D. GARCIE, D. BERTRAN, LEONOR, GVZMAN.

D. GARCIE.

Qvel debat auez-vous l'vn & l'autre?

D. BERTRAN.

Elle pleure,
Les oyseaux estoient drus, ils se sont dénichez.
Pleurez, ma pauure sœur, pleurez pour vos pe-
chez.

LEONOR.

Il vaut mieux deformais me resoudre à me taire.

D. BERTRAN.

De grace, dites-moy, mon prétendu beau-pere....

D. GARCIE.

Vous pourriez supprimer ce mot de prétendu.

D. BERTRAN.

Si vous l'estes iamais, ie veux estre pendu.
Pour la seconde fois i'en iure de la sorte,
Si c'est trop peu iuré, que le Diable m'emporte,
C'est tout dire, on doit croire vn homme à son
serment.

D. GARCIE.

Nous en fommes tantoft conuenus autrement,
D. Felix eft party qui vous faifoit ombrage,
Rien ne vous peut choquer , ma fille eft belle &
    fage,
Ne nous broüillons donc point par de nouueaux
    détours.

D. BERTRAN.

Vous me penfiez mener par le nez comme vn
    Ours.

D. GARCIE *auec vn ton de cholere.*

Quand ie parle raifon, i'entends qu'on y réponde.

D. BERTRAN.

Vous eftes bilieux autant qu'homme du monde,
Vous deuriez donner prompt remede à cela,
Ie compofe vn onguent....

D. GARCIE.

            Nous n'en fommes pas là.
Puifque pour vous ma fille eft vn party fortable,
Fuffiez-vous mille fois plus Diable que le Diable,
Vous ne vous mocquerez ny d'elle ny de moy,
Et vous l'époufcrez , ou vous direz pourquoy.

D. BERTRAN.

Ie ne fuis point vn fot, & cela vous fuffife.

D. GARCIE.

Cette fotte raifon n'eft point icy de mife.

D. BERTRAN.

Et fi fa vifion la prenant au collet,
Elle s'en va fauter au col de mon valet
Le croyant Cheualier de l'animal à cornes?

D. GARCIE.

Ce galimathias n'aura-t'il point de bornes?
Irez-vous encor loin?

D. BERTRAN.

            Ne faites point le fin,
Mais dites, fon cerueau (car ie fçay tout enfin)
En quel temps reçoit-il cette idée importune?
Eft-ce dans la nouuelle ou dans la pleine lune?

D. GARCIE.

Ie croy, fans vous flatter, que le voſtre en tout
    temps
Vous rend fou paſſémaiſtre, & des plus impor-
    tants.

D. BERTRAN.

Doneques elle n'a point la ceruelle bleſſée
De cette chimerique & fantaſque penſée,
Qu'à la valeur d'vn braue en vn preſſant danger.
Mais la voicy qui vient pour vous faire enrager,
Nous allons tout ſçauoir.

SCENE X.

D. GARCIE, D. BERTRAN, LEONOR, ISABELLE, IACINTE, GVZMAN,

IACINTE à Iſabelle.

Ioüez bien voſtre rôle.
D. BERTRAN.
Et bien, la belle, enfin nous tiendrez-vous parole?
ISABELLE.
Ouy, ſi vous m'aſſeurez que mon pere auec vous
Conſent que cet amant deuienne mon époux.
D. GARCIE.
Que dit-elle?

ISABELLE.
Ah mon pere, il m'a ſauué la vie,
Et la reconnoiſſance à l'aymer me conuie,
Ie dois m'en ſouuenir iuſques dans le tombeau.
D. GARCIE.
Dequoy?

ISABELLE.

Sans son secours vn furieux Taureau....

D. BERTRAN à D. *Garcie.*

Oyez, mais par ma foy c'est meschanceté pure,
Et vous sçauez fort bien où luy tient l'enclōüeu-
re.

D. GARCIE.

I'ignore....

D. BERTRAN.

Ignorez donc, il m'importe fort peu,
Ie retire sans bruit mon éplingue du ieu,
De peur d'engendrer noise, vsez-en tout de mesme.

D. GARCIE.

Pensez-vous m'eschaper auec ce stratagéme?

ISABELLE.

De grace, en ma faueur moderez ce couroux,
Si le Ciel de sa main me choisit vn époux....

D. BERTRAN à D. *Garcie.*

C'est stratagéme encor?

D. GARCIE.

Explique ce mystere.

Aymes-tu donc ailleurs?

ISABELLE.

Ie ne puis vous le taire,
Ouy, i'ayme, & ie n'ay pû refuser mon amour
Au genereux vainqueur à qui ie dois le iour.
D'vn accident si triste & difficile à croire
Sçachez que D. Aluar vous conta hier l'histoire,
C'est vne verité que ie ne puis nier
Puisque i'en suis la Dame & luy le Caualier,
En me sauuant la vie il m'a fait sa captiue,
Et c'est pour luy qu'il faut desormais que ie viue.

D. GARCIE.

Tu voudrois l'épouser, luy qui n'a point de bien?

LEONOR.

De tout ce qu'elle dit apprenez qu'il n'est rien,
Cette obligation n'est en effet qu'vn conte   (te.
Pour couurir vne amour dont l'adueu luy fait hō-

D. BER-

D. BERTRAN.

Vous a-t'on demandé voftre aduis là deffus?
Vous tairez-vous iamais?

LEONOR.

     Ie ne me tairay plus,
Auffi bien il eft temps de vous faire connoiftre
Que D. Aluar vous fourbe, & que ce n'eft qu'vn
  traiftre,
Qu'il adore Ifabelle.

D. BERTRAN *à Ifabelle.*

     Eft-il vray? dites-moy,
Vous fait-il les yeux doux?

ISABELLE.

      Il m'a promis fa foy.

D. GARCIE.

Quelque efpoir qui le flatte il pourra fe méprêdre
S'il pretend que fans bien ie l'accepte pour gêdre.

ISABELLE.

Aprés vn tel bien fait ....

D. GARCIE.

     Ie fçay ce qu'il te faut.

LEONOR *à D. Bertran.*

Et bien, contre l'ingrat ay-ie parlé trop haut?

D. BERTRAN.

Quand ie vous euffe veuë en competence d'âge,
Ie fongeois auec vous d'en faire vn mariage,
Mefme ie l'appellois defia mon heritier
Comme fi i'euffe deu ne me point marier,
Et le galand me iouë! Ah fi ie ne m'en vange ....

LEONOR.

Ie fuis de voftre aduis fi fon humeur ne change;
Mais s'il fe refolvoit encore à m'époufer ....

D. BERTRAN.

Ie fuis bien ennuyé de vous oüyr jafer,
Sans ceffe vous parlez fi ie ne vous fais taire,
Mais voicy mon coufin.

I

SCENE XI.

D. GARCIE, D. BERTRAN, D. ALVAR, LEONOR, ISABELLE, IACINTE, GVZMAN.

D. BERTRAN.

Venez le debonnaire,
Qui faites l'amiable & qui me trahissez.

D. ALVAR.

Moy, vous trahir!

D. BERTRAN.

I'en sçay plus que vous ne pensez,
Et vous feray bien voir que ie suis hors de page.
Vous ne subsistez rien que par le cousinage,
Et sans moy qui fournis, peut-estre dés demain
Vous tireriez la laine, ou vous mourriez de faim?

D. ALVAR.

Ce reproche est honteux . . . .

D. BERTRAN.

Ie prenois Isabelle
Seulement sur le bruit qu'elle auoit d'estre belle,
Car du reste, neant, elle n'a pas vn soû?

D. ALVAR.

Qu'en voulez-vous conclurre?

ISABELLE.

Est-il vn plus grand soû?

D. BERTRAN.

Vous luy parlez d'amour au mépris de ma flame?

Mariez-vous fur l'heure & la prenez pour femme,
C'eft comme ie pretends me vanger de vous
    deux;
Elle, fans aucun bien, vous, paffablement gueux,
Allez, vous connoiftrez pluftoft qu'il ne vous
    femble
Quel Diable de rien c'eft, que deux riens mis en-
    femble,
Dans la neceffité vous n'aurez point de paix,
L'amour finit bien-toft, la pauureté, iamais.
Afin que tout vous femble auiourd'huy lys &
    rofes,
I'auray foin de la nopce, & payeray toutes chofes,
Mais vous verrez demain qu'on a peu de douceur
A difner d'vn *Ma vie*, à fouper d'vn *Mon cœur*,
Et qu'on eft mal vêtu d'vn drap de patience
Doublé de foy par tout & garny de conftance.

       D. ALVAR *à Gufman.*
Efcoutons le beau-pere auant que de parler.

       LEONOR *à D. Bertran.*
Quoy, fur fa trahifon loin de le quereller ....

       D. BERTRAN.
Où ie parle, où ie fuis, c'eft à vous de vous taire,
Ie vous l'ay dit cent fois, vous n'en voulez rien
    faire,
Parlez tout voftre faoul, ma fœur, mais fur ma
    foy,
Vous ne vous marierez iamais non plus que moy,
Ie hay qui comme vous inceffamment babille,
Et pour vous en punir vous mourrez vieille fille,
Allez, n'en doutez point, c'eft vn coup feur pour
    vous.

       GVZMAN.
Elle fort bien outrée.

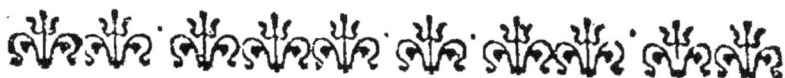

SCENE XII.

D. GARCIE, D. BERTRAN, D. ALVAR, ISABELLE, IACINTE, GVZMAN.

D. BERTRAN.

Or sus, futurs espoux,
Vous promettez-vous pas vne foy reciproque?

D. GARCIE.

Mon gendre D. Aluar?

D. BERTRAN.

Ah, D. Aluar vous choque?
Qu'y trouuez vous à dire? il est beau, doux, benin,
D'assez belle encoleure, & de plus, mon cousin,
Cette qualité seule est assez noble & haute;
Il est vray qu'il est gueux, mais ce n'est pas ma
   faute,
Son pere auoit du bien jadis, mais...

D. GARCIE.

Brisons là,
Il n'est pas maintenant question de cela,
Vous m'auez demandé ma fille en mariage?

D. BERTRAN.   (sage,

Ouy, mais ie n'en veux plus puisqu'elle n'est pas
Elle ayme mon cousin, mon cousin l'ayme aussi,
Qu'il l'espouse s'il veut, i'en prends peu de soucy.

D. ALVAR à D. Bertran qu'il tire à quartier.

Ie pourrois la connoistre & la trouuer charmante!
Ie pourrois soûpirer pour vne extrauagante
Qui s'ose imaginer qu'au peril de mes iours
I'ay sçeu contre vn Taureau luy prester du secours!

D. BERTRAN.

Quoy, cela n'est pas vray ?

D. ALVAR.

Non, c'est pure folie
Qui luy met en l'esprit qu'elle me doit la vie,
Et m'estourdit si bien qu'enfin il m'a fallu
Accorder malgré moy tout ce qu'elle a voulu,
Et flatter son esprit de quelque espoir friuole.

GVZMAN.

Ie vous auois bien dit, Mõsieur, qu'elle estoit folle.

D. BERTRAN.

Ah, Guzman, ie croyois que tu m'eusses fourbé.

GVZMAN.

Vous voila cependant sottement embourbé,
Cet,obstiné vieillard n'entend point raillerie.

D. BERTRAN *à D. Aluar.*

N'importe, espousez-la, mon cousin, ie vous prie.

D. ALVAR.

Qu'en ferois-ie sans bien ?

D. BERTRAN.

I'ayme mieux tous les ans
M'obliger par contract à vous donner cent francs.

D. ALVAR.

L'offre est auantageuse.

D. BERTRAN.

Au moins il me le semble.

D. GARCIE.

C'est estre trop long-temps à consulter ensemble,
Ie veux auoir responce.

D. BERTRAN.

Ah vieillard sans pitié!

D. GARCIE.

En vn mot, de vos biens donnez-luy la moitié,
Ie consents en ce cas qu'il l'espouse s'il l'ayme,
Sinon, resoluez-vous à l'espouser vous-mesme,
Ie vous laisse le choix.

D. BERTRAN.

La moitié de mon bien!

Guzman, le cœur m'en ſaigne.

GVZMAN.

Auſſi me fait le mien,
Mais ſi vous l'eſpouſez ſongez aux conſequences.

D. BERTRAN.

I'y ſonge , i'y reſonge, & plus que tu ne penſes,
Et ie trouue apres tout qu'il eſt fort à propos
Que ie ne faſſe point nombre parmy les ſots :
Deſia la confrairie eſt aſſez belle & grande
Sans m'aller de ſurcroiſt mettre encor de la bande,
Ie ſuis vieux, elle eſt ieune, & n'a pas l'eſprit droit,
Et ſi i'en réchapois le Diable s'en pendroit.

D. GARCIE.

Enfin voſtre deſſein...

D: BERTRAN.

Vous auez grande haſte,
Laiſſez-moy prendre aduis, rien encor ne ſe gaſte.

D. GARCIE.

C'eſt trop deliberer.

D. BERTRAN.

Ah , le preſſant griſon
Qui fait le raiſonnable & parle ſans raiſon !
Puiſqu'auſſi bien pour nous c'eſt vn mal neceſſaire,
I'aymerois mieux auoir deux femmes qu'vn beau-
pere.
Auecque bouche en Cour, & deux mille ducats,
Ie croy que mon couſin ne vous déplaira pas,
De pareil reuenu i'ay certain heritage
Que ie luy donne en propre, & dont pourtant i'en-
rage,
Mais ie merite bien qu'on rie à mes dépens.

D. GARCIE.

A ces conditions nous ſommes tous contents.

D. BERTRAN à D. Aluar.

Vous l'eſtes donc auſſi ?

D. ALVAR.

Pour auoir lieu de l'eſtre
Sa folie eſt trop grande & ſe fait trop paroiſtre,

J'auray bien à souffrir d'vn esprit si leger,
Mais pour vous satisfaire & pour vous obliger...

D. BERTRAN.

Si ieune, vous craignez son esprit peu traitable,
Vieux, elle me feroit donner cent fois au Diable,
Pour m'en debarasser donnez-luy vostre foy.

D. ALVAR à D. Garcie.

Cet ordre à mon amour est vne douce loy,
Mais si vous n'approuuez le beau feu qui m'a-
nime....

D. GARCIE.

Pour ne pas l'approuuer i'ay pour vous trop d'e-
stime,
Et si de l'interest écoutant la chaleur...

D. ALVAR.

De grace, oublions tout.

D. BERTRAN *regardant de tous costez.*

Ie ne vois point ma sœur,
Ie croy de cet Hymen qu'elle est peu réjoüye.

GVZMAN.

Ie pense bien plustost qu'elle est éuanoüye,
L'hostesse tout à l'heure appelloit au secours.

D. BERTRAN.

Le chien & sot de mal qui la prend tous les iours!

D. GARCIE.

Allons voir ce que c'est.

D. ALVAR à Isabelle.

Puis-ie esperer, Madame...

D. BERTRAN *reuenant apres auoir fait quatre ou cinq pas pour s'en aller, & se-parant D. Aluar d'auec Isabelle.*

Peut-estre que ma sœur est preste à rendre l'ame,
Et vous voulez icy faire le gracieux ?

D. ALVAR.

Suiuons, & deuant luy ne parlons que des yeux.

Fin du cinquiéme & dernier Acte.